关于数字经济的答问

中共中央党校（国家行政学院）数字经济与网信创新课题组

许正中 | 著

图书在版编目（CIP）数据

关于数字经济的答问/许正中著.—北京：国家行政学院出版社，2022.3

ISBN 978-7-5150-2663-3

Ⅰ.①关… Ⅱ.①许… Ⅲ.①信息经济—问题解答 Ⅳ.① F49-44

中国版本图书馆CIP数据核字（2022）第037357号

书　　名	关于数字经济的答问 GUANYU SHUZI JINGJI DE DAWEN
作　　者	许正中　著
统筹策划	陈　科
责任编辑	王　莹　马文涛　孔令慧
出版发行	国家行政学院出版社 （北京市海淀区长春桥路6号　100089）
综 合 办	（010）68928903
发 行 部	（010）68928866
经　　销	新华书店
印　　刷	北京盛通印刷股份有限公司
版　　次	2022年3月北京第1版
印　　次	2022年3月北京第1次印刷
开　　本	155毫米×230毫米　16开
印　　张	8.25
字　　数	68千字
定　　价	28.00元

本书如有印装问题，可联系调换，联系电话：（010）68929022

数字经济事关国家发展大局。我们要结合我国发展需要和可能,做好我国数字经济发展顶层设计和体制机制建设。要加强形势研判,抓住机遇,赢得主动。各级领导干部要提高数字经济思维能力和专业素质,增强发展数字经济本领,强化安全意识,推动数字经济更好服务和融入新发展格局。要提高全民全社会数字素养和技能,夯实我国数字经济发展社会基础。

——习近平《不断做强做优做大我国数字经济》

（2022年1月15日）

出版说明

党的十八大以来，中国特色社会主义进入新时代，开启新征程。诚如马克思所指出的，"问题就是时代的口号，是它表现自己精神状态的最实际的呼声"，新时代就要解决新问题。

为回应新时代背景下广大党员、干部、群众特别关心、迫切需要解答的现实问题，我社特推出"新时代之问"系列答问读物，邀请相关领域权威专家学者，针对党的十八大以来我国在经济、政治、文化、社会、生态等领域重大问题进行专题解答。"新时代之问"系列秉承解决真问题、真解决问题的初衷，力求其提出的问题和分析解答有助于

新时代之问

广大党员、干部深刻领会把握习近平新时代中国特色社会主义思想的精神实质、核心要义、丰富内涵和实践要求,把学习成果转化为推动工作的强大动力和生动实践。为实现社会主义现代化强国目标和中华民族伟大复兴凝心聚力!

前　言

　　人类发展到了开启数字文明新时代的关键时刻，中国人民在中国共产党的领导下，一方面要实现中华民族的伟大复兴，另一方面要构建人类命运共同体，引领数字文明新时代。在数字文明曙光到来之际，中国共产党有责任有能力有担当为人类的发展作出大国应有的贡献。数字经济是继农业经济、工业经济之后的主要经济形态，是以数据资源为关键要素，以现代信息网络为主要载体，以信息通信技术融合应用、全要素数字化转型为重要推动力，促进公平与效率更加统一的一种新经济形态。各国竞相制定数字经济发展战略、出台鼓励政策，争夺经济发展新疆域。

　　马克思在《共产党宣言》中指出，把新发明、新工艺、新技术、新方法等技术创新成果渗透到生产力的各个要素，可以节约成本，提高劳动生产率，推动经济快速发展。党的十八大以来，党中央把数字中国建设上升为国家战略，同时，也将马克思主义政治经济学推到了数字文明新时代，某种意义上说，习近平经济思想是数字文明新时代的中国化马克思主义。习近平总书记深刻指出："当今世界，新科技革命和全球产业变革正在孕育兴起，新技术突破加速带动产业变革，对世界经济结构和竞争格局产生了重大影响。""如果实现了通过互联网平台汇集社会资源、集合社会力量、推动合作创新，形成人机共融的制造模式，那将使全球技术要素和市场要素配置方式发生深刻变化，将给产业形态、产业结构、产业组织方式带来深刻影响。"①

本书以作者及其研究团队所承担的世界银行、中央网信办、科技部等多项数字经济和网络社会相关课题的阶段性研究成果为基础，以解答数字经济重大问题为目标，归纳、提炼了20个问题，遵循"及时回答时代之问、人民之问"的精神，着眼于"国之大者"，按照内在逻辑进行分解、排序，努力为回答好问题提供一些资料和观点，与关心这些问题的同志们分享，以期为推进中国数字经济伟大事业添砖加瓦、尽绵薄之力。

---

① 中共中央文献研究室编：《习近平关于科技创新论述摘编》，中央文献出版社2016年版，第75页。

最后，感谢相关单位为调研提供的帮助和支持！感谢本书引用材料的作者！引用材料加深了我们对有关问题的认识，为展开研究工作奠定比较扎实的理论基础。需要申明：引用不当之处由本书作者负责，与材料作者无关。感谢中央党校出版集团、国家行政学院出版社领导的建议和支持，感谢编辑、校对等同志的辛勤付出！

目　录

01 / **第一个问题**
什么是数字经济，它具有哪些新的运行规律？

08 / **第二个问题**
数据作为新的生产要素，与其他生产要素相比有哪些新特质？

14 / **第三个问题**
数字经济的技术支撑体系是什么？

22 / **第四个问题**
我国实施数字经济国家战略的重大举措有哪些？

28 / **第五个问题**
推动数字经济治理体系和治理能力现代化关键着力点有哪些？

37 / **第六个问题**
世界主要机构和国家的数字经济治理模式有哪些？

40 / **第七个问题**
数字社会的基础设施有哪些？

43 / **第八个问题**
如何推动数据价值化和安全使用？

47 / **第九个问题**
为什么说19世纪是英国的生产世纪，20世纪是美国的消费世纪，21世纪是中国的数字经济创新世纪？

56 / **第十个问题**
数字经济与工业经济的根本性区别有哪些？

65 / **第十一个问题**
数字经济的发展给人类和中国带来哪些机遇与挑战？

72 / **第十二个问题**
如何提升数字经济核心产业增加值占比？

76 / **第十三个问题**
如何推动产业数字化，提升传统产业数字技术装备能力？

81 / **第十四个问题**
如何打造我国具有国际原发创造力的数字产业集群？

87 / **第十五个问题**
如何优化我国社会环境，推动数字经济健康发展？

91 / **第十六个问题**
如何加快发展数字经济，构建新发展格局？

100 / **第十七个问题**
如何发展数字安全产业，建构国家安全大格局？

105 / **第十八个问题**
如何多维度增强数字产业链的自主可控？

109 / **第十九个问题**
为什么第三方数据中心体系是推动数据价值化的关键？

113 / **第二十个问题**
如何把中国建成世界头部经济聚集地？

第一个问题

什么是数字经济，它具有哪些新的运行规律？

数字经济是继农业经济、工业经济之后的主要经济形态，是以数据资源为关键要素，以现代信息网络为主要载体，以信息通信技术融合应用、全要素数字化转型为重要推动力，促进公平与效率更加统一的新经济形态。数据资源作为最具时代特征的一种新的生产要素，对提高生产效率具有乘数作用，对经济发展放大、叠加、倍增的作用不断凸显，成为数字经济深化发展的核心引擎。在资源配置、渗透融合、协同等方面的能力空前提升，促进了全要素生产率的提升，已成为推进产业结构调整和实现经济可持续发展的强大力量。同工业经济一样，数字经济既是一种类别经济，更是一种断代经济，呈现了新的经济运行规则和发展规律。

一是梅特卡夫法则。一个网络的价值取决于该网络内节点数量的多少，链接用户越多，价值就越大，网络价值与用户数量的平方成正比。而在工业经济时代，企业通过将规模调整到长期平均成本最低处所对应的规模来实现规模经济。由于企业最优生产规模受到各种因素的限制，所以其长期平均成本呈现先降后升的特点。在数字经济时代，特别是在网络平台经济中，梅特卡夫法则表现出强大的网络效应。一个网络的价值取决于其连接用户的数量，当网络用户超过规模临界点后，网络价值则呈爆发式增长，每个用户都可以在用户数量不断扩张的过程中，获取指数级上升的效用，数字经济时代通过扩大网络用户规模，提高用户的价值实现收益最大化。我国具有超大规模的网络用户，网民数量突破10亿，位居全球第一。[①] 我国数字网络价值发展潜力巨大。

二是达维多定律。进入市场的第一代产品能够自动获得50%的市场份额，也就是说，其他公司生产的同类新产品最多只能分享其余的50%。这就使数字经济网络平台企业有着天然的超强规模效应的新特征，全球网络公司很多，但真正能参加竞争的只有几家大公司。因此反垄断的

---

① 李拯：《把发展数字经济作为战略选择》，《人民日报》2021年10月29日。

重点应该与传统理论有所不同，重点不该是规模，而是看是否有损社会总福利和技术进步。

三是摩尔定律。英特尔创始人之一戈登·摩尔发现，同样面积的芯片上集成的晶体管数量每隔18个月会增加一倍，也会将芯片的处理速度和处理能力提升一倍，而成本则会降低一半。这个定律不仅体现了网络科技更新的速度，还反映了其成本降低的可能性，而廉价是科技普及的重要条件之一。更为重要的是，在数字经济时代，摩尔定律并没有终结，摩尔定律的类似逻辑不仅是在晶体管的技术革新中成立，在数字经济下的硬件、软件、云、网络等技术的革新中同样成立。

数字经济除了有这三大发展定律之外，还有很多其他发展理论，且与工业经济的理论存在众多不同，有的还是在这三大定律的基础上展开的。

从技术进步角度讲，数字经济范式具有边际收益递增规律。工业经济时代普遍存在着边际收益递减的规律，即其他条件不变时，当某一要素的投入达到临界点后，每增加一单位该要素投入所得到的收益递减。这一规律在数字经济时代被打破，主要有两点原因。一是信息通信技术有利于降低边际成本。当生产一种产品时，信息复制手段和网络空间的存在，使对物质载体的投入和交通运输、有形磨损等的价值损耗大大减少。一旦产品被研发出来，后续生产只需进行简单的批量复制，边际成本可忽略不计，即单位生产成本随着生产社会化的规模扩大而减少。当生产多种产品时，智能化的生产设备可将产品按模块进行拆分和组装，提高了生产要素的复用率，从而降低了每种产品分摊的单位成本，满足了市场日益增多的多样化、个性化需求，增加了产出效益。二是信息通信技术具有交叉网络外部性。根据梅特卡夫法则，网络收益随用户数量的增加呈平方级增长，即消费者数量越多，产品的附加价值也就越大，而现有消费者可以无偿享受产品的新增价值。社交网络、电子邮件、办公软件、聊天工具等数字产品都具有交叉网络外部性，每增加一个用户，都将扩大既有用户从该产品中得到的边际效益，从而刺激新的功能需求，提高经济收益。

数字经济中关键生产要素数据主体和载体分离，具有自我衍生和自我增殖的特性。而数据要素不仅能够被不同主体在多个场景下同时使用，更能在被使用后保持数据（使用）价值不被削弱甚至实现增殖。而且使用过程中，新产生数据的收集或与其他来源数据的匹配，大概率能提升原有数据集的价值。

数字经济背景下资源权属出现分离。传统工业经济主要注重供给和需求所形成的买卖市场,因此无论是生产资料还是产品,在交易的过程中大部分情况是所有权和使用权合一的。

网络平台经济是数字经济的重要形态,数字经济理论区别于传统工业经济理论,很多是基于网络平台经济而产生的。

一是长尾效应。在传统工业时代,由于市场范围约束和固定成本约束,厂家只能满足大众化的需求,个性化需求量小,只能被忽略,这时候企业往往遵循"二八法则",将更多资源投入到少数的高端客户群体。数字经济下网络平台经济形成多方市场,能够打破在地域和时间上的限制,将大量用户集聚到一个网络平台上,使用户方便、快捷地使用数据,开展经营活动,形成聚集,使网络平台上的企业在短时期内快速崛起。这种集聚又使过去使用频率较低、访问量和采购量较少的小众市场服务因为用户数量激增而扩大服务规模,由此形成长尾效应,进一步充实和发展了网络平台服务、增强了网络平台的独特供应能力,使网络平台的长尾效应得到充分发挥。

二是网络平台经济的存在让多边市场不断发展。传统市场连接了普通交易的买方和卖方,网络平台为多边市场。在数字经济背景下,来自普通交易中的数据大量积累，不仅可用于该项产品或服务的效率改进和最优定价，还可能有交易之外的其他用途。例如，电商交易网络平台积累的大量数据，不仅可用于对卖家的信誉评分、指导买家选择，还可能用于对卖家的信用评估，促进网络平台上小微企业的贷款发放，电商网络平台就可能跨界成为金融网络平台。

三是市场调节的作用在增强。在工业经济时代，信息的不完全对称、不完全的市场竞争环境和经济的周期性波动造成了市场失灵。在数字经济时代，市场失灵问题得到一定缓解，市场这只"看不见的手"的调节作用在增强：首先，网络平台和大数据分析促进了信息的公开和匹配，供需双方可以通过市场得到更公平透明的信息披露，市场调节的盲目性降低；其次，资源流动和市场进出更加自由灵活，经济主体能够比较充分地竞争，资源配置效率大大提高。

四是反垄断的重点发生改变。习近平总书记指出："一些平台经济、数字经济野蛮生长、缺乏监管，带来了很多问题。要加快推进反垄断法、反不正当竞争法等修订工作，加快完善相关法律制度。"[①] 一般情况下，传统的垄

---

① 习近平：《坚持走中国特色社会主义法治道路 更好推进中国特色社会主义法治体系建设》，《求是》2022年第4期。

断主要关注的是企业规模和市场集中度，其实质是价格水平的垄断。然而数字经济下互联网企业有着天然的超强规模效应，其垄断的实质发生了根本性改变，是价格结构垄断。这点在上文中也有所提及，意味着不仅平均成本随着网络平台的扩展无限趋零，其业务增长能力也随着网络的扩大而增强，是典型的具有先发优势、赢者通吃的经济模型。因此在数字经济下，网络平台反垄断的重点不在于反其规模，而是反其垄断行为，判断其行为是否损害社会福利和技术进步。

第二个问题

数据作为新的生产要素，与其他生产要素相比有哪些新特质？

人类社会发展的不同阶段对应不同的关键性生产要素。生产要素是经济学的一个基本概念，是指进行生产经营活动时所需要的各种基本要素，主要分为土地、劳动、资本、企业家才能、技术、数据（包括信息或知识）等，土地产生的是极差地租、劳动带来的是剩余价值、资本赢收的是利息、企业家提升的是全要素生产率、技术带来新价值、数据不仅自带价值而且能对其他生产要素进行功能性赋能。纵观经济发展史，不同的发展阶段是由不同的关键生产要素决定的，它们呈迭代叠加的效应，而不是完全取代。除了关键生产要素，其他生产要素在某些地区、某些领域、某些行业、某些阶段也可能起重要作用。经济学发展过程中，曾有生产要素二元论、三元论、四元论、五元论、六元论等模型①。这表明，随着社会生产的发展，不断有新的生产要素投入生产，生产要素不断被扩充。

二元论的生产要素主要包括劳动和土地。这种认识在17世纪占主流，由经济学家亚当·斯密、威廉·配第等人提出。三元论的生产要素包括劳动、土地和资本，或者劳动者、劳动对象、劳动工具。这种认识在18世纪和19世纪占主流，由经济学家萨伊、马克思等人提出。四元论的生产要素包括劳动、土地、资本和企业家才能。这种认识在19世纪占主流，由经济学家马歇尔等人提出。五元论的生产要素包括劳动、土地、资本、企业家才能和技术创新。这种认识在20世纪占主流，技术创新要素由经济学家熊彼特等人提出。六元论的生产要素包括劳动、土地、资本、企业家才能、技术创新、数据（信息和知识）。这种认识在21世纪占主流，信息要素由经济学家斯蒂格利茨和当代的一些信息经济学家提出。

作为数字经济的关键性生产要素，数据发挥着基础资源作用和创新引擎作用。习近平总书记指出："我国拥有海量数据资源、巨大应用需求、深厚市场潜力，这是我国人工智能发展的得天独厚的优势，是任何国家都无法比拟

---

① 赵刚：《数据要素：全球经济社会发展的新动力》，人民邮电出版社2021年版，第112页。

的。新一代人工智能是依靠数据和知识'双轮驱动'的，数据越多才能越智能。我们要充分利用这些优势，推动新一代人工智能发展。"[1]

数据要素的特殊使用价值和存在形态，使它具有不同于一般商品和生产要素的特性。第一，数据资本的边际收益递增。数字经济的竞争，将是以数据为支撑的信息和知识生产率的竞争。数据具有规模经济效应显著和黏附性强的特点，数据产生的价值收益能够随着数据规模的增加产生指数级的增长。同时，在经济应用中，规模数据更容易吸引数据。数据可以产生数据，形成持续增长，价值开发永续迭代。数据使用的频率越高、范围越大，使用者越容易通过使用、遗留、改造等方式产生一些新的数据或者赋予已有数据更多信息，从而形成数据数量的累积和数据价值的叠加传递。通过这些数据的交换、整合、分析，人类可以发现新知识、创造新价值。例如，阿尔法围棋（AlphaGo）成功探索了通过自己同自己下棋的方式实现自我成长，演化速度超过了人类极限，震惊了全球。

第二，数据资本具有边际成本趋零的特点。数据具有可无限复制、反复使用而几乎不会发生损耗的特性。数据

---

[1] 中共中央党史和文献研究院编：《习近平关于网络强国论述摘编》，中央文献出版社 2021 年版，第 121 页。

中心、基站等数字信息基础设施建成后,数据资本的消耗近乎为零、边际运营成本近乎为零。消费领域用户每多浏览一次网站,多使用一次App,成本增加也几乎为零。工业制造领域制造设备运行数据以及生产产品产生的数据,成本增加也极少。

第三,数据资本供给具有充裕性的特点。稀缺性是工业经济学第一原则。土地、劳动力、资本等资源要素的稀缺性,使人们必须考虑如何使用相对稀缺的资源来满足无限多样化的需要。换句话说,人们要在资源稀缺的条件下作出最优选择,使稀缺资源效用最大化,并由此构建起经济运行的基本框架和理论体系,这是传统工业经济学的核心命题。在万事万物凡存在皆互联、凡互联皆计算的数字时代,全球数据井喷式生产,以指数级增长。美国国际数据集团(IDC)发布的《数据时代2025》报告显示,2025年全球每年产生的数据将从2018年的33ZB(1ZB=10万亿亿字节)增长到175ZB。由此可见,同其他生产要素具有稀缺性不同,数据供给具有充裕性的特点,而且增速越来越快。数据资本具有非稀缺性特征,这在经济史上前所未有,正在对供求关系、价格机制、企业组织、产业形态等带来颠覆性影响,并使数字经济运行特征和理论逻辑同传统工业经济具有根本性差别。

第四，数据资本的使用具有共享性的特点。数据具有使用的共享性、非排他性、非拥堵性的特点，可以被不同人在同一时间使用，且不会降低数据的质量或容量。即使有人在付费消费某种数据时，也不能排除其他人消费这一数据，或者排除的成本很高，比如天气预报数据。当然，有些经过加工的数据具有排他性。比如一些媒体信息终端采取付费形式，只有付费会员才可阅读，制约了社会效益的发挥。因此，软件开源和数据开放逐渐成为新趋势、新常识。数据可跨越时空进行传播和使用。

第五，数据资本具有关联和催化效应。大数据可以将没有相关性的数据凑在一起进行画像，进而产生关联效应。在消费互联网端，基于用户行为数据，对用户消费偏好、经济、健康等能力进行勾画，形成用户画像。天气数据、冷饮销售数据关联出推送夏装的信息，这就是关联和催化效应。在工业互联网端，基于设备运行数据，对核心装备的性能、状态进行画像。

在不同的生产技术和生产水平下资本具有不同的功能，数据资本在经济增长中所起到的作用与传统资本存在不一样的地方。数据可以进入研发、生产、匹配等多个环节，为增长提供新的动力。科技的发展不断改变着资本主角的阵容，从土地资本、商业资本、制造资本、金融资本逐渐走向了数据资本。

数据资本天然自带价值，并且具有使其他资本价值倍增的作用。作为数字经济的重要生产要素，数据资本能够实现对经济社会发展的乘数效应，具有放大、叠加、倍增作用。习近平总书记高度重视数字经济和数据要素发展，他指出，在互联网经济时代，数据是新的生产要素，是基础性资源和战略性资源，也是重要生产力。要构建以数据为关键要素的数字经济。数据资本的无损耗性使其自行增殖直至无限成为可能。物质资本在生产过程中会逐步转移到下一个生产环节，而数据资本不但不会转移灭失，反而会进一步增殖。

第三个问题

数字经济的技术支撑体系是什么？

数字经济建设在数字新技术体系上，数字新技术主要包括云计算、物联网、大数据、人工智能、区块链等五大技术体系。根据数字化生产的要求，云计算技术体系为数字设备系统，物联网技术体系为数字感知、传输、应用等技术，大数据技术体系为数据资源的挖掘，人工智能技术体系为数字智能应用，区块链技术体系为数字信息保障系统，五大数字技术体系是一个整体，相互融合呈指数级增长，才能推动数字新经济的高速度高质量发展。

一、数字技术体系间的纵向支撑体系

（1）云计算

云计算本质上是将具备一定规模的物理资源转化为服务的形式提供给用户的技术。用户不需要见到物理机器，自然不需要考虑各种运维的事情，因为云厂商已经将这一

层封装好了，用户只需要告诉云网络平台是需要一台具体配置的计算机，还是某个开发网络平台，或者干脆就是一个具体的应用（如网盘）。云网络平台还可以做到各种资源的全面弹性，动态满足用户实时变化的需求。比如，用户上午要一台计算机，下午再要十台，云网络平台通过可计量的虚拟化资源能够及时满足用户所需。

如果用户通过这种可计量的服务形式使用物理机器，就会越来越关注自身业务，因为使用数据的门槛会越来越低，有了云计算在底层支撑，将物理世界的业务转化为数据的速度会越来越快，以至于必须找到新的技术来组织这些数据。

（2）物联网

物联网简单来讲就是"物物相连的互联网"，是使用信息传感物理设备按照约定的协议把任何物品与互联网连接起来进行信息交换的网络，以实现物理生产环境的智能化识别、定位、跟踪、监控和管理。

物联网是未来数字经济得以发展的底层信息基础设施，为数字经济的发展提供第一手精准的实时的数据。

（3）大数据

大数据需要应对海量的数据和快速增长的存储，这要求底层硬件架构和文件系统在性价比上要大大高于传统技术，能够弹性扩展存储容量，这种情况下出现了数据组织技术。所谓数据组织技术是指，数据化初级阶段数据少，形式单一，所以主要采取集中式结构化存储，实体关系就成了这一时期的数据组织的关键点，开发语言的面向对象技术其实也是受到这种数据组织形式影响而产生的。

大数据形成的数据组织技术必须能够有效地将没有价值的数据剔除，同时还要将结构化数据、非结构化数据、业务系统实时采集数据等以分布式数据库、关系型数据库、非关系型数据库等数据存储计算技术进行分类存储与处理，使数据研发计算与应用能够真正服务于企业内部决策和生产指导，支撑企业数字化转型。

（4）人工智能

组织好数据，接下来就需要深度挖掘数据。人类发明语言和文字是要帮助自己进行大规模分工协作来完成自己认为有意义的事情。然而面对海量数据，人类的大脑已经处理不过来了，于是人类将各种意义转化为算法交给机器，让机器自行决策，最终让其给我们提供一个收敛的结果，从而收获有效信息。

我们很少关心数据，真正关心的是数据背后的信息。人工智能帮助人类在海量数据中找到有用的信息，于是便有了各种意义的存在，为我们进行数字经济建设指明了出路和方向。

（5）区块链

区块链就是利用分布式网络和非对称加密算法将已经形成的信息有效地串联起来，保证信息是达成人们共识且不可修改的。人们准备利用区块链技术消除各种不美好的事情，这也是大家现在越来越看重区块链的原因，毕竟所有人都向往一个理想世界，在那里没有任何欺骗存在的空间，而区块链技术为此指明了一个方向。

数字经济建立在信息构建的虚拟网络之上，诚信在任何时候都是商业活动得以进行的基础，区块链构建的诚信网络使人们在互不认识的情况下，顺利开展商业活动、进行价值交换、促进经济发展。

二、数字技术体系间的横向支撑体系

（1）区块链与物联网

区块链技术可以为物联网提供点对点直接互联的方式来传输数据，而不是通过中央处理器，这样可以充分利用分布在不同位置的数以亿计闲置设备的计算力、存储容量和带宽，大幅度降低计算和储存的成本。

另外，区块链技术叠加智能合约可将每个智能设备变成可以自我维护调节的独立的网络节点，这些节点可在事先给定或植入的规则基础上执行与其他节点交换信息或核实身份等功能。这样无论设备生命周期有多长，物联网产品都不会过时，节省了大量的设备维护成本。

物联网安全性的主要缺陷是缺乏设备与设备之间的信任机制，所有的设备都需要和物联网中心的数据进行核对，一旦数据库崩塌，会对整个物联网造成很大的破坏。而区块链分布式的网络结构提供了一种机制，使设备之间保持共识，无须与数据中心进行验证，这样即使一个或多个节点被攻破，整体网络体系的数据依然是可靠、安全的。

人们不仅希望物联网将设备连接在一起完成数据的采集，更希望接入物联网的设备能够具有一定的智能性，在给定的规则逻辑下进行自主协作，完成各种具备商业价值的应用。

（2）区块链与云计算

云计算是按需分配，区块链则构建了一个信任体系，两者好像并没有直接关系。但是区块链本身就是一种资源，有按需供给的需求，是云计算的一个组成部分，云计算技术和区块链技术之间是可以相互融合的。

云计算与区块链技术结合，将加速区块链技术成熟，推动区块链从金融业向更多领域拓展，提高可用性、安全性，如无中心管理等。

区块链与云计算两项技术的结合，从宏观上来说，一方面，区块链可以利用云计算已有的基础服务设施或根据实际需求作相应改变，实现开发应用流程加速，满足未来区块链生态系统中初创企业、学术机构、开源机构、联盟和金融等机构对区块链应用的需求；另一方面，对于云计算来说，"可信、可靠、可控制"被认为是云计算发展必须要翻越的"三座山"，而区块链技术以去中心化、匿名性，以及数据不可篡改为主要特征，与云计算的长期发展目标不谋而合。

从存储方面来看，云计算内的存储和区块链内的存储都是由普通存储介质组成的。区块链里的存储是作为链里各节点的存储空间，区块链里存储的价值不在于存储本身，而在于相互链接的不可更改的块，是一种特殊的存储服务。云计算里确实也需要这样的存储服务。

从安全性方面来说，云计算里的安全主要是确保应用能够安全、稳定、可靠地运行。而区块链内的安全是确保每个数据块不被篡改，数据块的记录内容不被没有私钥的用户读取。利用这一点，如果把云计算和基于区块链的安全存储产品结合，就能设计出加密存储设备。

与云计算技术不同的是，区块链不仅是一种技术，而且是一个包含服务、解决方案的产业，技术和商业是区块链发展中不可或缺的"两只手"。

区块链技术和应用的发展需要云计算、大数据、物联网等新一代信息技术作为基础设施支撑，同时区块链技术和应用发展对推动新一代信息技术产业发展具有重要的促进作用。

（3）区块链与大数据

区块链是底层技术，大数据则是对数据集合及处理方式的称呼。区块链上的数据是会形成链条的，于是就有了真实、顺序、可追溯的特性，相当于已经从大数据中抽取了有用数据并进行了分类整理。所以区块链降低了企业对大数据处理的门槛，而且能够让企业提取更多有用数据。

另外，大数据中涉及用户的隐私数据泄密问题，在区块链技术的加持下也不会出现。

（4）区块链与人工智能

为了使机器间的通信更加方便，则需要有一个预期的信任级别。想要在区块链网络上执行某些交易，信任是一个必要条件。

区块链有助于人工智能实现契约管理，并提高人工智能的友好性。例如，通过区块链对用户访问进行分层注册，让用户共同设定设备的状态，并根据智能合约作决定，不仅可以防止设备被滥用，还能防止用户受到伤害，可以更好地实现对设备的共同拥有权和共同使用权。

人工智能与区块链技术结合的意义在于区块链技术能够为人工智能技术提供核心技能——贡献区块链技术的"链"功能，让人工智能的每一步"自主"运行和发展都得到记录和公开，从而促进人工智能功能的健全和安全稳定。

第四个问题

我国实施数字经济国家战略的重大举措有哪些？

习近平总书记指出，数字技术正以新理念、新业态、新模式全面融入人类经济、政治、文化、社会、生态文明建设各领域和全过程[①]。数字经济国家战略是一个体系。"党的十九届五中全会提出，发展数字经济，推进数字产业化和产业数字化，推动数字经济和实体经济深度融合，打造具有国际竞争力的数字产业集群。"[②] 这些战略全方位、多层次、成体系地描绘了我国数字经济战略的发展蓝图。

《中华人民共和国国民经济和社会发展第十四个五年规划和 2035 年远景目标纲要》（以下简称《纲要》）以"加

[①] 《习近平向 2021 年世界互联网大会乌镇峰会致贺信》，《人民日报》2021 年 9 月 27 日。

[②] 习近平：《不断做强做优做大我国数字经济》，《求是》2022 年第 2 期。

快数字化发展 建设数字中国"为题进行了专篇规划，指出：迎接数字时代，激活数据要素潜能，推进网络强国建设，加快建设数字经济、数字社会、数字政府，以数字化转型整体驱动生产方式、生活方式和治理方式变革。《"十四五"数字经济发展规划》（以下简称《规划》）提出了数字经济发展的总体指导思想：以习近平新时代中国特色社会主义思想为指导，全面贯彻党的十九大和十九届历次全会精神，立足新发展阶段，完整、准确、全面贯彻新发展理念，构建新发展格局，推动高质量发展，统筹发展和安全，统筹国内和国际，以数据为关键要素，以数字技术与实体经济深度融合为主线，加强数字基础设施建设，完善数字经济治理体系，协同推进数字产业化和产业数字化，赋能传统产业转型升级，培育新产业新业态新模式，不断做强做优做大我国数字经济，为构建数字中国提供有力支撑。

《纲要》和《规划》对加快数字化发展、实施数字经济国家战略的重大举措均进行了阐述，现概述如下：

第一，优化升级数字基础设施。涵盖加快建设信息网络基础设施、推进云网协同和算网融合发展、有序推进基础设施智能升级三方面举措。具体措施主要包括：建设高速泛在、天地一体、云网融合、智能敏捷、绿色低碳、安全可控的智能化综合性数字信息基础设施；加快构建算力、算法、数据、应用资源协同的全国一体化大数据中心体系；稳步构建智能高效的融合基础设施，提升基础设施网络化、智能化、服务化、协同化水平。

第二，充分发挥数据要素作用。涵盖强化高质量数据要素供给、加快数据要素市场化流通、创新数据要素开发利用机制三方面举措。具体措施主要包括：支持市场主体依法合规开展数据采集，聚焦数据的标注、清洗、脱敏、脱密、聚合、分析等环节，提升数据资源处理能力，培育壮大数据服务产业；加快构建数据要素市场规则，培育市场主体、完善治理体系，促进数据要素市场流通，严厉打击数据黑市交易；适应不同类型数据特点，以实际应用需求为导向，探索建立多样化的数据开发利用机制。

第三，大力推进产业数字化转型。涵盖加快企业数字化转型升级、全面深化重点产业数字化转型、推动产业园区和产业集群数字化转型、培育转型支撑服务生态四方面举措。具体措施主要包括：引导企业强化数字化思维，提升员工数字技能和数据管理能力，全面系统推动企业研发设计、生产加工、经营管理、销售服务等业务数字化转型；立足不同产业特点和差异化需求，推动传统产业全方位、全链条数字化转型，提高全要素生产率；引导产业园区加快数字基础设施建设，利用数字技术提升园区管理和服务能力；建立市场化服务与公共服务双轮驱动，技术、资本、人才、数据等多要素支撑的数字化转型服务生态，解决企业"不会转""不能转""不敢转"的难题。

第四，加快推动数字产业化。涵盖增强关键技术创新能力、提升核心产业竞争力、加快培育新业态新模式、营造繁荣有序的产业创新生态四方面举措。具体措施主要包括：瞄准传感器、量子信息、网络通信、集成电路、关键软件、大数据、人工智能、区块链、新材料等战略性前瞻性领域，提高数字技术基础研发能力，加快创新技术的工程化、产业化，打造多元化参与、网络化协同、市场化运作的创新生态体系；着力提升基础软硬件、核心电子元器件、关键基础材料和生产装备的供给水平，强化关键产品自给保障能力；推动网络平台经济健康发展，引导支持平台企业加强数据、产品、内容等资源整合共享，扩大协同办公、互联网医疗等在线服务覆盖面；发挥数字经济领军企业的引领带动作用，加强资源共享和数据开放，推动线上线下相结合的创新协同、产能共享、供应链互通。

第五，持续提升公共服务数字化水平。涵盖提高"互联网＋政务服务"效能、提升社会服务数字化普惠水平、推动数字城乡融合发展、打造智慧共享的新型数字生活四方面举措。具体措施主要包括：全面提升全国一体化政务服务平台功能，加快推进政务服务标准化、规范化、便利化，持续提升政务服务数字化、智能化水平，实现利企便民高频服务事项"一网通办"，强化数字技术在公共卫生、自然灾害、事故灾难、社会安全等突发公共事件应对中的运用；加快推动文化教育、医疗健康、会展旅游、体育健身等领域公共服务资源数字化供给和网络化服务，促进优质资源共享复用；统筹推动新型智慧城市和数字乡村建设，协同优化城乡公共服务；加快既有住宅和社区设施数字化改造，鼓励新建小区同步规划建设智能系统，打造智能楼宇、智能停车场、智能充电桩、智能垃圾箱等公共设施。

第六，健全完善数字经济治理体系。涵盖强化协同治理和监管机制、增强政府数字化治理能力、完善多元共治新格局三方面举措。具体措施主要包括：规范数字经济发展，坚持发展和监管两手抓；加大政务信息化建设统筹力度，强化政府数字化治理和服务能力建设，有效发挥对规范市场、鼓励创新、保护消费者权益的支撑作用；建立完善政府、平台、企业、行业组织和社会公众多元参与、有效协同的数字经济治理新格局，形成治理合力，鼓励良性竞争，维护公平有效市场。

第七，着力强化数字经济安全体系。涵盖增强网络安全防护能力、提升数据安全保障水平、切实有效防范各类风险的三方面举措。具体措施主要包括：强化落实网络安全技术措施同步规划、同步建设、同步使用的要求，确保重要系统和设施安全有序运行，加强网络安全关键技术研发，加快发展网络安全产业体系；建立健全数据安全治理体系，研究完善行业数据安全管理政策；强化数字经济安全风险综合研判，防范各类风险叠加可能引发的经济风险、技术风险和社会稳定问题。

第八，有效拓展数字经济国际合作。涵盖加快贸易数字化发展、推动"数字丝绸之路"深入发展、积极构建良好国际合作环境三方面举措。具体措施主要包括：以数字化驱动贸易主体转型和贸易方式变革，营造贸易数字化良好环境；围绕多双边经贸合作协定，构建贸易投资开放新格局，高质量推动中国—东盟智慧城市合作、中国—中东欧数字经济合作，与非盟和非洲国家研究开展数字经济领域合作；倡导构建和平、安全、开放、合作、有序的网络空间命运共同体，积极维护网络空间主权，加强网络空间国际合作。

第五个问题

推动数字经济治理体系和治理能力现代化关键着力点有哪些？

数字经济治理是针对数字经济生态系统的全方位、立体化治理，数字经济治理体系和治理能力是建立在数字经济宏大体系之上的"大治理"，是把握数字经济发展规律、推进国家治理体系和治理能力现代化的重要内容。不同于传统工业经济治理，数字经济治理理念为对等、开放、共享、全球运作，更加注重治理服务、跨界治理、开放治理、合作治理，主要体现在三大转变上。一是从"管理思维"转向"服务思维"。"服务客户""客户至上"是数字经济市场的核心理念，同样，数字经济的治理模式从传统的"供给导向"转向"需求导向"，即满足公众和社会对公共产品和服务的需求。通过政府服务网络平台、信息收集和反馈机制等数字化手段提高行政管理部门对各类需求和诉求的响应能力，提高数字经济治理的服务水平。二是从"边界思维"转向"跨界思维"。传统经济治理模式中"边界思维"所带来的"条块分割"是阻碍政府治理效能提升的重要因素，而数字经济治理的结构更趋扁平化、多元化，通过"跨界思维"将各部门、各领域、各层级资源进行优化整合，形成跨界治理组织机构或治理手段，针对网络平台经济活动的跨界治理模式就是典型例子。三是从"保密垄断思维"转向"开放合作思维"。传统工业经济时代行政管理思维往往从保护部门利益的角度出发，采取信息垄断等方式，导致部门之间、政府与社会之间的隔裂。数字技术的嵌入则为数据开放与合作治理提供了基础和条件，尤其是"去中心化"的信息与数据的生产和传播打破了政府对信息和治理权力的垄断，促进了数字经济治理的开放性和共治性。

与传统经济治理相比，数字经济治理中政府的角色和手段也发生了重大变化。一是受益于数字技术的广泛应用和海量数据支撑，政府了解市场、监督市场、治理市场的能力显著提升。二是数字经济作为新兴经济形态和战略性产业，政府对其治理不仅是行政治理的组成部分，更是政府推动经济增长的重要手段，相比于传统产业，政府所发挥的作用更大。三是基于数字经济的数据化、共享化、平台化等特点，政府弥补"市场失灵"的角色更为重要，不仅是市场秩序的维护者，而且在网络平台管理及规则制定、矫正外部性、主导基础设施建设和国际合作中承担更重大的责任。

数字经济治理对政府治理手段和方式的更高要求，应重点从以下三个方面发力。首先，以更加积极有效的制度安排和政策手段推动数字经济发展。通过推进更多的数字经济应用场景落地做大数字经济市场，加快数字基础设施建设，大力推进政务数据公开，支持和鼓励市场主体挖掘数据价值、释放更多的经济效益和社会效益，关注数字鸿沟问题和数字弱势群体，推动数字红利共享。其次，借助数字化技术和手段更为有效地监管市场、调控经济。依托数字技术加深对经济实时运行状况的了解和掌握，通过交叉验证把握经济事态真相，基于市场主体多维度信息筛选出重点企业和产品并有针对性地加强监管，最大限度减少对市场主体正常生产经营活动的干扰。最后，加强对数字技术应用的有效监管。加强对底层代码、算法等数字技术基本规则的监管，从源头上消除不合法的市场活动，把握好数据产业发展、数据权益分配和个人隐私保护等各方利益之间的动态平衡，积极参与全球数字经济治理合作和治理规则制定。

习近平总书记在《不断做强做优做大我国数字经济》中,从"健全法律法规和政策制度,完善体制机制""完善主管部门、监管机构职责,分工合作、相互配合""改进提高监管技术和手段,把监管和治理贯穿创新、生产、经营、投资全过程""明确网络平台企业主体责任和义务,建设行业自律机制""开展社会监督、媒体监督、公众监督,形成监督合力""完善国家安全制度体系,重点加强数字经济安全风险预警、防控机制和能力建设""加强数字经济发展的理论研究"等七大方面对提高数字经济治理体系和治理能力现代化水平作出了全面部署,为把握数字经济治理规律、建立数字经济治理体系指明了方向、明确了重点,是推动数字经济治理体系和治理能力现代化的出发点和落脚点。

第一,《规划》以完善数字经济治理体系为总体要求,对推动数字经济治理体系和治理能力现代化提出了具体的目标要求。主要是:到2025年,协调统一的数字经济治理框架和规则体系基本建立,跨部门、跨地区的协同监管机制基本健全。政府数字化监管能力显著增强,行业和市场监管水平大幅提升。政府主导、多元参与、法治保障的数字经济治理格局基本形成,治理水平明显提升。与数字经济发展相适应的法律法规制度体系更加完善,数字经济安全体系进一步增强。展望2035年，数字经济将迈向繁荣成熟期，力争形成数字经济现代市场体系，数字经济发展基础、产业体系发展水平位居世界前列。

第二，完善体制机制设计和制度安排，构建与数字经济持续健康发展相适应的治理方式。一是做好数字经济发展顶层设计和体制机制建设。推进组织形式改革，建立适应数字化社会的扁平化、分布式组织形式。完善多元共治新格局，建立健全多元参与、有效协同的数字经济治理新格局。适应数字经济跨区域、宽领域的特点要求，建立无缝隙、动态化的协同管理机制和工作网络平台。二是健全法律法规和政策制度。通过完善立法、明确标准，建立健全适应数字经济发展的市场监管、宏观调控、政策法规体系，并根据新情况、新问题动态调整，提高政策法规适用性。三是增强政府数字化治理效能。加大政务信息化建设统筹力度，建立完善基于大数据、人工智能、区块链等新技术的统计监测和决策分析体系，提升数字经济治理的精准性、协调性和有效性。打通信息壁垒，推进数据跨部门、跨层级、跨地区汇聚融合和深度利用，建立健全国家公共数据资源体系、大数据辅助科学决策和社会治理机制，提升数字经济治理的数字化智能化水平，打造全面网络化、高度信息化、服务一体化的现代政府治理新形态。

第三，坚持发展和监管两手抓、两手都要硬，推动数字经济规范健康发展。一是明晰主管部门、监管机构职责，明确监管范围、统一监管规则，强化跨部门、跨层级、跨区域协同监管。二是依托大数据网络平台，建立全方位、多层次、宽领域、立体化的监管体系，贯穿全过程、全链条、全领域的监管和治理。三是建立完善信用监管机制，加强征信建设，提升征信服务供给能力，强化以信用为基础的数字经济市场监管。四是完善多元化监管体系建设，开展社会监督、媒体监督、公众监督，培育数字经济多元化监督治理、协调发展新生态。五是提高数字化监管能力和水平，完善数字经济公平竞争监管制度，强化反垄断和反不正当竞争行为，加强数据治理和流动，防止资本无序扩张，预防和制止滥用行政权力，排除、限制竞争行为。

第四，全面强化数字经济网络平台行为治理，妥善解决"数字寡头"垄断问题，完善数字营商环境。一是完善对网络平台企业的垄断认定，预防和制止网络平台经济领域的垄断行为。由于遵循网络效应理论规律，数字经济具有强大的网络效应和规模连接特点，通过做大规模完善生态空间并非零和博弈和垄断，因此网络平台反垄断重点不在于反其规模，而是反其垄断行为，判断其行为是否损害社会福利和技术进步。垄断行为包括经营者达成垄断协议（合谋、定价），经营者滥用市场支配地位（"二选一"、大数据杀熟、搭售等），具有或者可能具有排除、限制竞争效果的经营者集中等。针对伴随"数字寡头"垄断所产生的市场机制扭曲、数据滥用、贫富差距等系列问题开展专题研究、制定专门对策。二是完善监管政策解决数字网络平台"大而管不了"等问题。全面推行网络平台合规管理，在推动网络平台企业自身建设合规管理体系的同时，政府监管部门要加强合规监管，并将其作为重要的常态化监管，包括确立合规管理标准、实施合规评估和检查等动态监管举措。针对搜索性、电子商务、社交、移动支付等不同类型的网络平台进行分类监管，借助市场和专家力量明确监管重点、制定有针对性的监管政策。清晰理解技术架构，促进技术规则的公开透明，着重加强算法监管。维护网络平台企业公平竞争，平衡所涉及的各方利益关切，妥善解决网络平台的外部性问题，加强网络平台的社会价值观引导。三是进一步明确网络平台企业主体责任和义务，推进行业服务标准建设和行业自律，鼓励出台行业标准规范、自律公约和网络平台企业的自律准则。

第五，加强风险防控能力建设，促进数字经济安全高效稳定发展。一是集中力量推进关键核心技术攻关，加快推进高水平自立自强，实现重点领域、重点环节、重点对象安全可控。二是完善数据隐私保护法律法规，制定隐私数据分级分类标准，明确数据应用边界。三是推进完善风险应急响应处置流程和机制，强化数字经济重大问题研判和风险预警，提升系统性风险防范水平。四是借助数字化手段和方式畅通多元主体诉求表达、权益保障的渠道，及时化解矛盾纠纷，维护公众利益和社会稳定。

第六，加强数字经济治理实践探索，完善数字治理规则，为全球数字经济治理和数字生态共同体建设贡献中国智慧和中国方案。习近平总书记指出："要秉持以人为中心、基于事实的政策导向，探讨制定全球数字治理规则。"[1]一是梳理总结全球数字经济发展的理论进展和演化脉络，深化对数字经济的理论认识，强化完善数字经济治理体系的理论支撑。二是积极参与全球数字经济治理体系改革，推动或主导联合国相关议题设置，深度参与数字领域国际规则和标准制定，提高数字经济国际规则制定的话语权。三是进一步深化数字经贸国际合作，推动数字贸易领域的制度型开放，提高跨国数字贸易网络平台管理服务水平。四是加强国际数字治理规则研究与治理政策储备，

---

[1] 习近平：《让多边主义的火炬照亮人类前行之路——在世界经济论坛"达沃斯议程"对话会上的特别致辞》，人民出版社2021年版，第8页。

推动数据权属界定、数据开放和流动,加强数字市场公平竞争、网络安全等领域的法律法规和管理制度建设,推动构建数字空间和网络空间命运共同体。

第六个问题

世界主要机构和国家的数字经济治理模式有哪些？

数字技术与能源、金融和自由贸易一样，对于经济的快速发展是不可或缺的，数字技术的迭代突破在客观上促进了各国数字治理制度的形成。许多国家的监管机构都在加强对隐私信息、数据安全和数字税收的治理。在全球范围内，随着数字经济进入经济运行和民生领域，制定法规来管理科技企业收集和使用数据备受关注。目前全球仍然缺乏关于数字经济治理的国际标准及相应的制定机构，世界各国根据本国情况进行数字治理安排。2020年11月21日，习近平总书记在出席二十国集团领导人第十五次峰会第一阶段会议时发表重要讲话强调："面对各国对数据安全、数字鸿沟、个人隐私、道德伦理等方面的关切，我们要秉持以人为中心、基于事实的政策导向，鼓励创新，建立互信，支持联合国就此发挥领导作用，携手打造开放、公平、公正、非歧视的数字发展环境。前不久,中方提出了《全球数据安全倡议》,我们愿以此为基础,同各方探讨并制定全球数字治理规则。"2021年6月10日,十三届全国人大常委会第二十九次会议通过了《中华人民共和国数据安全法》。这部法律是数据领域的基础性法律,也是国家安全领域的一部重要法律,于2021年9月1日起施行;中国国家互联网信息办公室、中央宣传部、教育部、科学技术部、工业和信息化部、公安部、文化和旅游部、国家市场监督管理总局、国家广播电视总局等九部委联合印发了《关于加强互联网信息服务算法综合治理的指导意见》;等等。

2019年G20公报公布了《关于数字经济的大阪宣言》,表达了对自由、开放和可互操作的互联网的承诺,确保数据的自由跨境流动,同时保护隐私和安全。

2021年9月29日,联合国贸易和发展会议发布《2021年数字经济报告》,倡导创建新的全球数据治理方针与架构,促进数据尽可能自由地跨境流动。联合国秘书长安东尼奥·古特雷斯表示,开启数据治理的新道路,现在比以往任何时候都更加重要。当前,碎片化的数据治理格局可能使各国无法充分获取数字技术带来的价值,还可能导致隐私泄露、网络攻击等重大风险。因此,全球亟须开展数据治理的创新实践,发展全球性数字公共品,增强互信并减少数字经济中的不确定性。

欧盟意识到全球数字化转型的趋势,经济发展越来越依赖数字技术,因此加紧制定结合了地缘政治的数字治理方案。欧盟将用户信息和数据隐私置于优先地位,率先推出了《通用数据保护条例》(GDPR)。

新加坡是数据隐私领域相对较早的发展者,2012年通过了《个人数据保护法》(PDPA),并于2014年生效。与欧盟颁布的《通用数据保护条例》不同的是,《个人数据保护法》不适用于公共机构。PDPA涵盖所有收集新加坡居民个人数据的公司。2021年2月1日生效了一项增强隐私保护的修正案,增加了问责制,包括数据可移植性义务,加强了执法力度等。

自20世纪90年代互联网在全球范围内被应用以来,互联网成为美国最重要的技术输出之一,今天互联网仍然是美国软实力工具包中的关键技术。美国数字治理原则的制定取决于政府是否能够得到国会两党的支持。《促进数字隐私技术法案》得到了两党的广泛支持,美国国家科学基金会将被授权与私营部门合作,促进和投资数字技术开发研究。此外,该法律要求国家标准与技术研究所与公共和私营部门行为者合作,制定"自愿共识标准",将纳入各种数据收集和使用的应用程序。

第七个问题

数字社会的基础设施有哪些?

数字社会是一个超连接的全球社会,数字技术把人类联结为人与技术共存联合体,其产生的新的基础设施主要包括:传统基础设施的数字化、技术性基础设施、制度性基础设施以及安全性基础设施。

第一,数字技术体系赋能传统基础设施。传统物理基础设施是指为社会生产和居民生活提供公共服务的物质工程设施,包括交通、邮政、供水供电等领域的公共设施。利用5G、物联网、大数据、人工智能等技术对传统基础设施进行智能化升级,包括工业互联网网络平台、跨行业跨领域的综合型网络平台、社会生活新型基础设施(如远程医疗网络、教育虚拟专网、车联网、智能电力物联网)等。由新型基础设施赋能的新业态、新模式蓬勃发展,数字经济成为主要经济形态,智能制造、工业互联网、远程办公、网上购物、无人配送等经济社会各领域数字化转型的不断深化，提升了公共服务、社会治理等领域数字化智能化水平。

第二，技术性基础设施强化协同治理与监管机制。从技术层面看，当前数字技术性基础设施主要涉及5G、第三方数据中心、云计算、人工智能、物联网、区块链等新一代信息通信技术，以及基于上述数字技术而形成的各类数字网络平台。购物、娱乐、出行、政务等各类数字网络平台，是数字商业、产业数字化、数字政务的基础设施。代表性的技术基础设施建设包括5G网络建设、千兆光纤网络、骨干网演进和服务能力升级、IPv6端到端贯通能力、物联网全面发展、加快卫星通信布局、构建通达全球的信息学基础设施、构筑多层次的算力设施体系、人工智能基础设施服务能力、区块链基础设施等。技术性基础设施有助于探索开展跨场景、跨业务、跨部门联合监管试点，推动基于新技术手段的监管模式创新，建立健全触发式监管机制以及加强税收监管和税务稽查。

第三，数字基础设施相关的制度建设正在成为全球治理新模式。制度性基础设施主要包括一系列构筑数字社会、维护数字社会发展建设的机构设置、法律法规建设。战国著名思想家、法家学派代表人物韩非在其代表作《韩非子》中写道:"法与时转则治,治与世宜则有功。"与数字经济发展相适应的制度性基础设施强化了数字经济治理的法制保障。数字经济时代,程序即法律,法律嵌入到了市场主体的行为之中。例如,在国家的税收治理中,通过通用软件的法律嵌入式开发,纳税人面临统一的通道,税收征管融入企业的自然生态系统之中,创新了税费服务的方式,促进了"以票管税"到"以数治税"的转变。

第四,安全性基础设施。数字时代让每个人都在"裸泳",网络安全、数据安全的专项立法已然成为国际趋势。随着各国网络安全、数字安全法律的实施,数据安全保护已进入法制化时代。数字经济的安全性基础设施就是保护数据安全,进而保护个人、组织权益,以及国家主权、安全、发展利益,构筑起数字时代的安全网。提升全球网络数据安全治理能力,使用户权益保障能力显著提升、用户个人信息保护力度不断加大、国家安全的韧性和弹性加强。全球重点领域的数字规则也在快速构建,全球信息通信行业监管正在向以促进数字经济发展为目标的新方向演进。跨境数据流动规则历经国际贸易协定的推动加速整合,数字网络平台的民事责任已经开始出现在高标准国际贸易协定中,未来更可能囊括网络平台公共责任。

第八个问题

如何推动数据价值化和安全使用？

习近平总书记指出:"研究表明,工业化时期数据量大约每十年翻一番,现在数据量每两年就翻一番。浩瀚的数据海洋就如同工业社会的石油资源,蕴含着巨大生产力和商机,谁掌握了大数据技术,谁就掌握了发展的资源和主动权。"

数据对提高生产效率的乘数作用不断凸显,成为最具时代特征的生产要素。数据的爆发增长、海量集聚蕴藏了巨大的价值,为智能化发展带来了新的机遇。协同推进技术、模式、业态和制度创新,切实用好数据要素,将为经济社会数字化发展带来强劲动力。

人类社会、经济、文化的互联网化带来了海量数据,千万台服务器计算能力的汇总,超低的计算成本,越来越智能化的互联网,人类将迎来一场技术的大变革。数据要素的消费也可视作价值创造的过程，表现为边际成本为零、非拥堵性、非竞争性以及网络外部性等特征，这将颠覆已有的生产、消费方式，并对数据融合提出更高要求。随着互联网运用普及和大数据等技术快速发展，国家治理正逐步从线下向线下线上相结合转变，从掌握少量样本数据向掌握海量全体数据转变，这为推动治理模式变革、提升国家治理现代化水平提供了有利条件。

《规划》提出要充分发挥数据要素作用。首先，要强化高质量数据要素供给。支持市场主体依法合规开展数据采集，聚焦数据的标注、清洗、脱敏、脱密、聚合、分析等环节，提升数据资源处理能力，培育壮大数据服务产业。推动数据资源标准体系建设，提升数据管理水平和数据质量，探索面向业务应用的共享、交换、协作和开放。加快推动各领域通信协议兼容统一，打破技术和协议壁垒，努力实现互通互操作，形成完整贯通的数据链。推动数据分类分级管理，强化数据安全风险评估、监测预警和应急处置。深化政务数据跨层级、跨地域、跨部门有序共享。建立健全国家公共数据资源体系，统筹公共数据资源开发利用，推动基础公共数据安全有序开放，构建统一的国家公共数据开放网络平台和开发利用端口，提升公共数据开放水平，释放数据红利。

其次，加快数据要素市场化流通。加快构建数据要素市场规则，培育市场主体、完善治理体系，促进数据要素市场流通。鼓励市场主体探索数据资产定价机制，推动形成数据资产目录，逐步完善数据定价体系。规范数据交易管理，培育规范的数据交易网络平台和市场主体，建立健全数据资产评估、登记结算、交易撮合、争议仲裁等市场运营体系，提升数据交易效率。严厉打击数据黑市交易，营造安全有序的市场环境。

最后，要创新数据要素开发利用机制。适应不同类型数据特点，以实际应用需求为导向，探索建立多样化的数据开发利用机制。鼓励市场力量挖掘商业数据价值，推动数据价值产品化、服务化，大力发展专业化、个性化数据服务，促进数据、技术、场景深度融合，满足各领域数据需求。鼓励重点行业创新数据开发利用模式，在确保数据安全、保障用户隐私的前提下，调动行业协会、科研院所、企业等多方参与数据价值开发。对具有经济和社会价值、允许加工利用的政务数据和公共数据，通过数据开放、特许开发、授权应用等方式，鼓励更多社会力量进行增值开发利用。结合新型智慧城市建设，加快城市数据融合及产业生态培育，提升城市数据运营和开发利用水平。

数字成为市场要素带来的不仅是巨大的发展机遇，也对安全问题提出新的挑战。习近平总书记前瞻性地认识到了数据安全的重要性,对于国家层面,他指出:"要切实保障国家数据安全。要加强关键信息基础设施安全保护,强化国家关键数据资源保护能力,增强数据安全预警和溯源能力。要加强政策、监管、法律的统筹协调,加快法规制度建设。要制定数据资源确权、开放、流通、交易相关制度,完善数据产权保护制度。要加大对技术专利、数字版权、数字内容产品及个人隐私等的保护力度,维护广大人民群众利益、社会稳定、国家安全。要加强国际数据治理政策储备和治理规则研究,提出中国方案。"① 对于企业层面,他指出:"要依法加强对大数据的管理。一些涉及国家利益、国家安全的数据,很多掌握在互联网企业手里,企业要保证这些数据安全。企业要重视安全。如果企业在数据保护和安全上出了问题,对自己的信誉也会产生不利影响。"②

---

① 中共中央党史和文献研究院编:《习近平关于总体国家安全观论述摘编》,中央文献出版社 2018 年版,第 179 页。
② 中共中央党史和文献研究院编:《习近平关于总体国家安全观论述摘编》,中央文献出版社 2018 年版,第 176 页。

第九个问题

为什么说19世纪是英国的生产世纪，20世纪是美国的消费世纪，21世纪是中国的数字经济创新世纪？

英国从18世纪60年代开始产业革命，是世界上最早进行产业革命的国家。产业革命对英国社会经济的发展具有重大的影响。马克思和恩格斯在研究英国产业革命后指出："资产阶级在它的不到一百年的阶级统治中所创造的生产力，比过去一切世代创造的全部生产力还要多，还要大。自然力的征服，机器的采用，化学在工业和农业中的应用，轮船的行驶，铁路的通行，电报的使用，整个大陆的开垦，河川的通航，仿佛用法术从地下呼唤出来的大量人口，——过去哪一个世纪能够料想到有这样的生产力潜伏在社会劳动里呢？"①

---

① 马克思、恩格斯：《共产党宣言》，人民出版社1964年版，第27页。

18世纪下半叶以来,英国已将蒸汽机运用于纺织工业,到19世纪上半叶,蒸汽机已在英国棉纺织业应用较为广泛。蒸汽机的运用,是人类生产技术上的一大飞跃。蒸汽机作为动力,既不受地点条件的限制,又能普遍应用于各种工艺上。蒸汽机的广泛应用,推动了一切工业部门的机械化。英国资产阶级将蒸汽机应用于棉纺织业,使英国棉纺织品价格下降,从而在国际市场上不断打败竞争对手,夺取了棉纺织品的垄断地位。

蒸汽机于19世纪上半叶开始在英国得到较为广泛的应用,从而带动了工作机和蒸汽动力机的发明和改良,又促成连接这二者的传动机的出现和发展,形成了动力机、传动机、工作机组成的完整的机械体系。蒸汽机通过传动机推动工作机运转,形成一个发达的生产体系。随着英国机器制造业的发展,机器生产规格化,英国机器制造业所生产的蒸汽发动机、纺织机和蒸汽机车等向国外出口。1825年英国废除了机器出口的禁令,从而使英国输出的机器不断增多,机器制造业成为英国重要的出口工业部门之一。当时,世界各主要资本主义国家的工业生产水平还比较低,而英国的机器制造业比其他国家发展得早并具有较高的技术水平,所以,英国的机器制造业在世界市场上占有垄断地位。在这一段时期,英国的对外贸易发展也很快。官方估价的出口额，在1801至1850年间从2 490万英镑增加到17 540万英镑，即增加约600%。英国在世界贸易总额中在1820年占18%，1850年则上升为21%。

英国在世界工业、贸易、运输、科技等方面均领先于世界各国，因而英国便成为了"世界工厂"。英国"世界工厂"地位的确立从英国国内来看是以蒸汽机广泛应用于纺织、煤炭、钢铁、交通运输，并以机器制造机器，大机器工业替代手工工业而占主导地位，于19世纪40年代产业革命的基本完成为特征的；从国际范围来看是以英国在世界工业品和先进技术的输出方面具有垄断地位而言的。具体表现为英国成为世界各国的工业品、先进技术与设备的主要供应者，而其他各国相对成为英国的原料产地和廉价商品推销地。

工业革命促使工业生产迅速增长，人口向城市集中，对粮食和农业原料的需求增加；同时，价廉物美的资本主义工业品进入农村这一广阔的市场。工业革命消灭了自耕农，广泛地采用一系列农业技术提高了农业生产力，从而反过来推动了英国产业革命的进程。

19世纪的世界领导者是英国，在英国达到鼎盛时期的1860年前后，其现代化工业的生产能力，相当于世界的40%～50%，或欧洲的55%～60%，19世纪是英国的生产世纪，英国成为名副其实的"世界工厂"。

美国于20世纪初期基本完成了工业化与城市化，再加上一系列政策的支持以及居民收入水平的不断提高，美国的消费文化发生了颠覆性的转变——先是少数富有阶层为彰显社会地位而进行"炫耀性消费"，再到全国各阶层人群的"大众消费"崛起，数十年间，美国完成了由节俭主义社会向消费主义社会的转型。

第一次世界大战之后，世界经济普遍繁荣，美国工业化进入到中后期阶段。1919—1929年，美国GDP（当年价格）从766亿美元增加至1 037亿美元，人均GDP从729.5美元增加至850美元。电力、汽车、石油、旅游和房地产等新兴产业迅速发展。1929年股市大崩盘后，美国经济持续萧条。1932年开始推行的"罗斯福新政"未能立即复活美国经济，直至第二次世界大战前，国内市场依旧低迷。20世纪20年代，美国消费市场迅速发展，进入"大众消费时代"。随着电力的普及，消费者对电灯、冰箱、烤箱、汽车、收音机和洗衣机等新产品的需求增加，人们开始用分期付款方式来购买这些耐用消费品。此后，受到经济大萧条和第二次世界大战的影响，美国消费市场发生剧烈波动，最终消费增速在1932年跌至波谷为−23.1%后，又在1942年攀升至波峰达28.3%。

第二次世界大战期间，美国凭借有利的地理位置，积累了大量资本和人才。第二次世界大战结束至20世纪60年代末，在凯恩斯主义的引导下，政府施行扩张性财政政策以实现对国内市场的刺激，1945至1969年，美国人均GDP从1 630美元迅速上升至5 030美元。工业化进入后期并向后工业化发展，服务业加速崛起，大企业集团支配着国内市场。20世纪70年代，美国经济滞胀，生产资料和消费品价格陆续上涨，国内市场波动频繁。经济增长和收入增加带来了超前消费。20世纪50至60年代，美国"黄金时代"的消费总额大约增长了一倍，居民消费中非耐用品比重逐步下降，耐用品消费比重上升，服务类消费比重上升为第一大类。到1969年，有汽车的家庭在家庭总数量中占比达79%，1/3的家庭拥有两辆以上汽车。但20世纪70年代后，美国社会失业率创新高，居民收入水平下降，消费市场萎靡。

从20世纪80年代开始，美国进入新经济时期，科学技术的发展促进了工业转型升级，凭借在全球政治、军事、经济和科学技术等领域的全面优势成为超级大国。进入20世纪90年代，美国计算机和软件工业、信息技术迅速发展，并带动全球的高科技信息产业，开启了新一代产业革命，推动美国经济向高度现代化发展。伴随美国国内市场平稳向好，消费呈现波动上升态势，消费对经济增长的贡献位居"三驾马车"之首。1980年，美国最终消费规模突破2万亿美元，最终消费在GDP中的占比达到77.2%。此后消费规模多次翻倍增长，消费市场规模保持全球首位。物质的极大丰富催生了以"雅皮士"为代表的富有消费群体和奢侈享乐消费。20世纪90年代以后，随着美国社会贫富差距的扩大，中产阶层对收入增长持悲观预期，消费市场趋于理性。

在美国的GDP构成中，来自居民的消费始终处于绝对主导地位。早在20世纪中叶，居民消费占GDP比重就超过了60%，此后更是长期居高不下。时至今日，美国依然是世界上第一大消费大国。20世纪美国经历了大众消费时期、品质化消费时期及理性消费时期三个阶段，实现了消费主义社会的转型，20世纪是美国的消费世纪。

近年来，我国依托国内超大规模市场，加快基础设施建设、强化科技创新、促进创新创业，推动我国数字经济保持快速发展势头，在消费互联网等领域形成明显优势，成为推动世界数字经济发展的主要力量。

数字基础设施完善。我国建有全球规模最大、覆盖最广的4G网络，4G基站数量占到全球4G基站总量的一半以上，贫困村通光纤和4G比例均超过98%，上网费用持续降低，广大人民群众不但能用得上，而且能用得起互联网。大数据、云计算中心建设保持快速增长势头，工业互联网等新型基础设施发展迅速，对中小企业数字化发展的支撑功能不断增强。

数字经济规模大。根据中国信息通信研究院的测算，2020年我国数字经济规模近5.4万亿美元，仅次于美国，居世界第二位。在数字经济核心产业方面，我国是计算机通信和其他电子设备制造业增加值规模、信息和通信技术产品出口规模最大的国家。

数字网络平台企业强。由于网络效应，在各细分市场处于主导地位的网络平台企业成为数字经济的主要企业形态。涌现出一批互联网科技企业，在用户规模、资本市场价值等方面均居于世界前列。

新企业纷纷诞生。我国数字经济领域的创新创业非常活跃，不断有基于新科技、新产品、新模式、新业态的新企业诞生。在商业模式上，移动支付等一些领域出现了我国原创和领先的商业模式。在被市场所接受的细分领域，一些初创企业发展迅速，用户数量快速增长，吸引了大量投资，资本市场价值不断提高。

数字技术进步快。我国数字经济的创新能力快速增强，5G核心专利数量居世界第一，5G移动通信技术的商业化、规模化应用世界领先。依托消费互联网的快速发展和海量数据，我国互联网企业衍生发展出大数据、云计算、人工智能等先进数字技术，人工智能领域论文和专利数量居于世界前列，"神威·太湖之光"超级计算机首次实现千万核并行第一性原理计算模拟，图像识别、语音识别等人工智能技术走在全球前列。量子通信、量子计算等前沿技术取得突破，"墨子号"实现无中继千公里级量子密钥分发，76个光子的量子计算原型机"九章"、62比特可编程超导量子计算原型机"祖冲之号"成功问世。[①]

党的十八大以来，党中央高度重视发展数字经济，将其上升为国家战略。党的十八届五中全会提出，实施网络强国战略和国家大数据战略，拓展网络经济空间，促进互联网和经济社会融合发展，支持基于互联网的各类创新。党的十九大提出，推动互联网、大数据、人工智能和实体经济深度融合，建设数字中国、智慧社会。党的十九届五中全会提出，发展数字经济，推进数字产业化和产业数字化，推动数字经济和实体经济深度融合，打造具有国际竞争力的数字产业集群。根据2021全球数字经济大会的数

---

① 史丹、李晓华：《打造数字经济新优势》，《人民日报》2021年10月15日。

据，我国数字经济规模已经连续多年位居世界第二，中国数字经济发展具有巨大优势，21世纪必然是中国的数字经济创新世纪。

第九个问题 为什么说19世纪是英国的生产世纪，20世纪是美国的消费世纪，21世纪是中国的数字经济创新世纪？

第十个问题

数字经济与工业经济的根本性区别有哪些?

网络平台是生产力新的组织方式,是经济发展新动能,对优化资源配置、促进跨界融通发展和大众创业万众创新、推动产业升级、拓展消费市场尤其是增加就业,都有重要作用。在工业时代,供应链是商业价值的中央聚合器;在数字时代,网络平台是商业价值的新聚合器。毛泽东同志说过,不能只低头拉车,不抬头看路。只有搞清楚了数字经济的本质,才能更好地发展数字经济。事物的形式和结构决定了其本质。数字经济开辟了新疆域,其与传统工业经济最根本性的区别在于以下几点。

第一,数据成为关键性生产要素。数据的价值化成为整个经济形态运行的新的逻辑底层。继农业经济时代、工业经济时代之后,人类已进入数字经济时代,数据成为继土地、劳动、资本等之后的又一重要生产要素。党的十九届四中全会首次将数据认定为新的生产要素。习近平总书记就推动大数据和数字经济相关战略部署、发展大数据产业多次作出重要指示。《规划》中提出，数据是新时代重要的生产要素，是国家基础性战略资源。数据作为新型生产要素，对传统生产方式变革具有重大影响。与传统工业经济比较，数字经济通过数字化方式处理和传输信息，创造更多的价值。数据作为数字化的载体，具有非竞争性、边际成本趋近于零和价值存在不确定性等新特征。数据的非竞争性体现在数据很容易就能被复制，无成本的复制意味着增加一个使用者不会给数据使用造成拥挤，因而数据具有准公共产品的性质。如前文所述，数字的复制成本以及传输成本几乎为零，技术进步如软硬件的迭代更新，又使数据的处理的成本也趋近于零。综上所述，数据的相关成本几乎为零。数据的价值不确定性表明，买方在获得数据之前并不了解数据的内容，因此无法对数据进行估值，然而一旦买方充分了解了数据的详细内容，那么数据的价值就大大降低了，这也被称为信息悖论。

第二，新型数字基础设施。数字基础设施，是数字经济的发展基础，是农业经济、工业经济实现数字化升级的前提。2018年12月中央经济工作会议首次提出"新型基础设施建设"这一概念。习近平总书记指出，要加强信息基础设施建设，强化信息资源深度整合，打通经济社会发展的信息"大动脉"。[①] 传统经济追求交通运输设施效率提升，而数字经济则依托云计算、网络和端口结合的核心基础设施。骨干网扩容，千兆光纤网络和5G网络基础设施建设，5G商用部署和规模应用以及第六代移动通信技术等，加快构建起高速泛在的信息网络基础设施。卫星通信、卫星遥感、卫星导航定位系统的支撑，加速了空间信息基础设施的优化升级，构建了覆盖全球、高效运行的通信、遥感、导航空间基础设施体系。算力、算法、数据协同的大数据中心体系，提升了数据中心跨网络、跨地域数据交互能力，推进了云网协同发展。推动智能计算中心有序发展，打造智能算力、通用算法和开发网络平台一体化的新型智能基础设施，面向政务服务、智慧城市、智能制造、自动驾驶、语言智能等重点新兴领域，提供体系化的人工智能服务，稳步构建智能高效的融合基础设施，提升基础设施智能化。按照绿色、低碳、集约、高效的原则，持续推进绿色数字中心建设，加快推进数据中心节能改造，持续提升数据中心可再生能源利用水平，在数字化转

---

① 习近平：《在网络安全和信息化工作座谈会上的讲话》，《人民日报》2016年4月26日。

型过程中推进绿色发展。强化数字经济安全体系,推动基础公共数据安全有序开放。

第三,网络平台成为主要的市场主体。数字技术、数字经济可以推动各类资源要素快捷流动,推动各类市场主体加速融合,帮助市场主体重构组织模式。新一代数字基础设施极大弱化了市场信息的不对称性,形成了价格自动撮合机制,加速了企业与市场的融合发展,由此导致企业的资源配置方案、价值创造逻辑发生"颠覆性"变化,而这些变化进一步带来了市场主体组织形态变革,即层级制组织结构被扁平化组织结构取代。最终,网络平台成为新时代的重要运行主体。网络平台经济不同于传统的"生产—流通—消费"模式,是一种更加开放、包容、普惠和生态的模式,共生逻辑代替了竞争。

网络平台的概念源于物理学,指的是按分层模块化体系结构排列的物理和数字元素的复杂组合。从社会科学研究的角度看,虽然网络平台并未形成明确的学术概念,但在实践和政策层面已达成普遍的共识。按照联合国国际贸易法委员会的定义,网络平台是指在双边或多边市场中运营的企业,该企业使用互联网在两个或多个不同但相互依存的用户群之间进行交互,从而为其中至少一个群体创造价值。根据2021年2月国务院反垄断委员会颁布的《关于平台经济领域的反垄断指南》，网络平台是指通过网络信息技术，使相互依赖的双边或者多边主体在特定载体提供的规则下交互，以此共同创造价值的商业组织形态。网络平台是一种虚拟或真实的交易场所，网络平台本身不生产产品，通过为合作参与者和客户提供一个合作和交易的软硬件相结合的场所或环境，促成双方或多方供求之间的交易，并从中收取恰当的费用或赚取差价。互联网网络平台基于对工具和服务的提供、规则和标准制定来构建双边市场或多边市场，消费者和生产者在此市场中匹配、交流或达成交易。一般意义上的网络平台模式，如阿里巴巴和亚马逊，通过创造连接工具来进入市场，提供第三方业务，亦可称之为"横向模式"。

网络平台是一种依托网络平台及网络平台经营者的新型组织方式和商业模式，是互联网网络平台协调组织资源配置的一种经济形态，是一种基于数字技术，由数据驱动、网络平台支撑、网络协同的经济活动单元所构成的新经济系统，是基于数字网络平台的各种经济关系的总称。数字经济时代的市场主体并不囤积库存和资源，而是提供设施创造一个市场并成立相关的社区。网络平台经济的迅速发展成为了数字经济发展的重要特征。中国信息通信研究院报告①显示，截至2020年底，全球市值超100亿美元的数字网络平台企业达76家，价值总额高达12.5万亿美元；中国市值超10亿美元的数字网络平台企业达197家，价值规模达3.5万亿美元。网络平台经济作为新经济时代越来越重要的一种产业组织形式，推动了商业模式的彻底改变，企业组织模式由立体的组织变成了平面横向的组织。

  网络平台不仅是经营的主体，更是交易的生态、社区。供应链以企业的分工为基础，指的是将产品或服务提供给最终用户所形成的循环流转体系，是企业间的分工协作关系。在工业经济时代，供应链是线性的，由制造企业向上游供应商、供应商的供应商等，以及向下游用户或者用户的用户，两端延展。工业经济下的传统企业是单向线性供应链的一环，扮演的是生产者和交付者的角色，只需面向客户交付产品和服务。而数字经济时代下，网络平台企业链接了多方群体，供应链上的各方企业与最终用户直接互动，洞悉用户的需求，相关各方的协同与数据等资源的共享，满足了多边群体的需要，充当起连接、整合的角色。网络平台的一边面对着消费者，一边面对着商家，网络平台运营商负责聚集社会资源，扩大用户规模，为客

---

① 中国信息通信研究院政策与经济研究所：《平台经济与竞争政策观察（2021年）》，http://www.caict.ac.cn/kxyj/qwfb/ztbg/2021051620210528_378126.htm。

户提供优质产品，通过兼顾和享用网络平台基础设施，多个参与方均能受益。2017年10月国务院办公厅于印发的《关于积极推进供应链创新与应用的指导意见》中明确提到，要建设和完善各类供应链网络平台，构建一批整合能力强、协同效率高的供应链网络平台，以提高供应链协同效率，说明我国政界对网络平台经济即网络平台对供应链的协调和整合作用也非常青睐。网络平台是供应链体系建设的核心，供应链的网络平台化战略将成为现代供应链的发展趋势。网络平台经济的核心在于网络平台，这意味着它不是线性的，而是网状的。网络平台不再是传统业务的线上化，是资源整合和分工过程中在开放式的网络平台上生长起来的新业务个体。BAT（百度、阿里巴巴、腾讯）作为典型网络平台，其承载的各个企业作为它的主体，但其运作方式不是既往的企业的主体方式，也不是所谓的代理企业的主体方式，其周围会形成一个生态，这一生态中包含了消费者、商家、品牌、零售商、战略合作伙伴、快递承运方、支付体系等多方参与者，他们通过在一起进行经济活动共同构成了网络平台，BAT作为网络平台企业起到了主导作用，网络平台生态系统内的各利益相关者通过竞合互动和资源整合而共同创造价值。作为新型的产业生态系统，网络平台型组织是一种企业、社会组织、个人等不同主体在价值网络上组成的经济联合体，主体之间同时兼容共生关系和竞争关系，各种生产要素在围绕网络平台形成的价值网络上循环流动。网络平台公司与其竞争对手相比，具有惊人的增长速度。数字网络平台的重要优势在于其模式本身，它拒绝传统的扩展路径，而是采用社群用户数来衡量成功与否。与20世纪的工业巨头相比，拥有网络平台的公司不仅自己创造价值，而且还协调外部用户创造价值。

第四，知识流的交换取代商品流的交换成为社会运行新形态。数字经济时代"不创即败"。计算机科学领域最被广泛提及的作家之一阿莱克斯·彭特兰在《智慧社会》一书中指出：想法的流动对于理解社会至关重要，新想法的传播和结合是行为转变和创新的推动力。人类通过网络世界形成了一个巨大的思想池，社会网络中的想法流提升了社会的创造力，社交媒体扩大了个体与群体的关联，让个体能积极构建共识、带领群体共生。我们的思想、观念、对现实的感知，都直接或间接为社会所同步，想法流动的汇集使得每个人都可以彼此学习，互相分享与借鉴，形成群体智慧。每个人都像身处一个巨大的蜂巢之中，社会整体形成了一个"蜂群意识"，使得集体创造处于一个最好的"心流"状态。数字经济一定是知识经济，知识经济与数字经济是一脉相承的。智能为主要价值创造源泉。随着数字信息技术日益创新，全球产业结构数字化、智能化水平不断提高，数字经济呈现知识化和智能化的经济形态特征。这是因为数字经济广泛使用的生产要素是数据、知识、信息等，超过传统劳动力、资本等对经济的贡献，同时各产业利用新兴数据和知识要素创造新价值，从而增强产业核心竞争力。因此，支配数据、信息、知识的能力将决定数字经济创造价值的高低。

第五，能够即时满足多元的个性需求。传统经济是标准化的大机器生产制造，数字经济更倾向于满足人们的多元化、个性化需求。一方面，通过对消费者信息数字化分析实现产品精准定位，提供个性化服务，满足线上线下不同层次消费者不同需求，提高产品质量和客户满意度。另一方面，电子商务网络平台的兴起给消费者提供了方便快捷的消费渠道，同时也集中生成了消费者的浏览搜索记录。例如，电子商务网络平台一般会给用户提供他们感兴趣的产品页面，有效提高产品搜索效率，给消费者带来更好的购物体验。

第十一个问题

数字经济的发展给人类和中国带来哪些机遇与挑战？

当前，数字经济发展速度之快、辐射范围之广、影响程度之深前所未有，正推动生产方式、生活方式和治理方式深刻变革，成为重组全球要素资源、重塑全球经济结构、改变全球竞争格局的关键力量。

发展数字经济是把握新一轮科技革命和产业变革新机遇的战略选择，是数字时代国家综合实力的重要体现，是构建现代化经济体系的重要引擎。世界主要国家均高度重视发展数字经济，纷纷出台战略规划，采取各种举措打造竞争新优势，重塑数字时代的国际新格局。"当今时代，数字技术、数字经济是世界科技革命和产业变革的先机，是新一轮国际竞争重点领域，我们一定要抓住先机、抢占未来发展制高点。"① 随着数字时代的到来，全球将变成一个融合体。

第一，头部经济成为全球争夺的焦点。达维多定律指出，进入市场的第一代产品能够自动获得50%的市场份额，也就是说，其他公司生产的同类新产品只能分享其余的50%。任何企业在本产业领域中必须不断更新自己的产品，只有先入市场才能更容易获得较多的份额和高额的利润。达维多定律决定了数字经济垄断式竞争的特点和局面。当前，各主要国家正在结合各自优势在数字经济新型生产关系、要素资源配置、产业集聚发展模式、流通机制等方面积极作为，争夺数字经济头部成为大国经济博弈新阶段各主要国家关注的焦点。

第二，网络平台要求对全世界资源进行配置。网络平台经济是多样化数字网络平台生态系统，是数字时代协调和配置资源、实现价值创造和汇聚的核心支撑，是可以有效整合供给和需求双（多）方产品和服务资源，实现低成本、高效率、即时性的点对点和多对多联结的新经济模式。网络平台解决的不是单一产品的价值增加和满足，而是基于网络效应形成数字画像，实现价值从1到N的转变。网络平台新主体的快速涌现以及网络平台之间的有机

---

① 习近平：《不断做强做优做大我国数字经济》，《求是》2022年第2期。

联合，势将推动分工协作方式从线性分工向网络化协同转换，实现设计、制造、数据等全世界资源的汇聚整合。由此可知，数字经济越开放、节点越多，价值越大，这是对数字经济发展规律进行了精准描述。发展网络平台经济是后发国家突破资源限制、对全世界资源进行配置的重大机遇。

第三，数据脱离实物形态成为资源配置的新工具。在大数据、人工智能、区块链、云计算、海量存储、低延迟网络、VR/AR等技术的推动下，人类进入一个切换物理空间与数字空间相互关系的时代拐点，元宇宙、数字孪生等数字空间将不再是物理空间的副本，而会是平等甚至更加重要和广阔的新疆域。元宇宙连接了虚拟与现实，是一个能将所有人关联起来的包罗万象、极为宏大且无限逼近真实的3D虚拟世界。元宇宙之所以有前途，在于其可创造出更多用于计算、交易或者社会服务，被调用频率高的热数据，其数据形式出来后，短视频等形式的数据就面临淘汰的可能。而"工业版元宇宙"的必经之路，正是数字孪生，通过对唯一现实世界物理元素的复制，实现工业领域从物理验证为主转向虚拟仿真为主，进而大幅度优化现实世界的研究、生产效率。如果没有数据作为标准配置，产品、内容、服务的价值实现将会遇到巨大困难。

第四，无疆界治理、全域化治理成为新常态。数字时代的到来，价值流和信息流的聚合形态使国与国之间的物理疆界形同虚设，原来常用的竞争方式和生活模式将退出历史舞台或日渐式微，域外治理成为发展数字经济的必然。当前国际数字治理体系尚处于探索期，既有全球性多边机制，也有区域性双边机制，更有私营网络平台企业的事实性规则。由于各国数字治理关注重点不同、发展程度有差异，未来全球数字治理体系将呈现面向关注点差异的、多元化层次化的、多机制共存的格局。无疆界治理、全域化治理成为新常态，基于产权、股权、知权、税权和资权"五权"联动形成的制度工具将成为域外治理的基础设施体系。

根据2021全球数字经济大会的数据，我国数字经济规模已经连续多年位居世界第二。特别是新冠肺炎疫情暴发以来，数字技术、数字经济在支持抗击新冠肺炎疫情、恢复生产生活方面发挥了重要作用。[①] 与此同时，我国数字经济发展也面临一些挑战。习近平总书记指出："我们要看到，同世界数字经济大国、强国相比，我国数字经济大而不强、快而不优。还要看到，我国数字经济在快速发展中也出现了一些不健康、不规范的苗头和趋势，这些问

---

① 习近平：《不断做强做优做大我国数字经济》，《求是》2022年第2期。

题不仅影响数字经济健康发展，而且违反法律法规、对国家经济金融安全构成威胁，必须坚决纠正和治理。"[①] 我们面临的主要挑战如下。

第一，发展数字经济面临思想认识方面的挑战。作为数字经济的核心要素，数据具有边际收益递增、边际成本近乎为零、供给的充裕性、使用的共享性、关联性和催化效应等新特征。传统经济学的理论研究对数字经济发展的实践指导性有限：一方面，传统的单纯基于资本与劳动力等生产要素的宏观经济理论模型，已经不能很好地适用现有条件下的经济发展规律；另一方面，传统微观经济学提出的各项假设及条件也已发生了不同程度的变化。数字经济的高质量发展亟待数据要素市场理论、数据内生增长理论、网络效应理论、网络平台反垄断理论等相关理论的建立，进而在数据资产地位确立、确权、共享流通等方面实现统一认识，统筹规划和稳步推进。未来数字经济理论研究应当从宏观和微观两个维度，研究数字时代数据要素对传统经济学的假设和理论产生的影响，并通过科学方法对传统经济模型进行改进和创新，构建数字时代新的经济理论框架。

第二，数字经济关键技术发展面临诸多挑战。作为

---

① 习近平：《不断做强做优做大我国数字经济》，《求是》2022年第2期。

数字经济的核心动能,数字技术成为各国普遍关注和争相探索与竞争的焦点。数字技术底层硬件一直按摩尔定律发展,计算系统的渐进式发展模式所带来的数据处理能力的线性提升远远落后于数据的指数级增长。据统计,受限于计算能力不足,已获取数据的平均留存率仅为2%,大量数据从未被处理和利用即被丢弃。回顾过去10年,大数据管理与处理技术、大数据分析方法和大数据治理技术取得了长足进步,但究其实质而言,都是在现有通用技术体系上,面向大数据需求,通过软件技术进行的调整和优化。这种技术发展模式面临一系列重大挑战,如数据模型独立,数据难以关联共享;负载类型不同、冷热数据不同,难以优化调度不同硬件资源等。在大数据应用需求驱动下,计算技术体系有必要进行重构,以数据为中心的新型大数据系统技术成为重要方向,信息技术体系将从"计算为中心"向"数据为中心"转型,新的基础理论和核心技术问题仍有待探索和破解。①

第三,发展数字经济面临治理模式的挑战。以网络交易为代表的数字经济普遍具有跨区域交易的特征,存在各领域相互融合的特点,而现有的治理模式在职能设置上主要面向特定区域、特定领域,数字经济的发展对政府治

---

① 梅宏:《大数据与数字经济》,《求是》2022年第2期。

理模式带来巨大挑战。比如，数字网络平台的快速发展带来了市场垄断、税收侵蚀、数据安全等问题，难以沿用传统反垄断规则对其进行监管。其他诸如网络舆情的管理失控、金融数字业务的无序扩张、算法控制、信息茧房、侵犯隐私、算法歧视伦理问题等也成为了必须面对和解决的重要问题，这些均游离在传统监管或管理范围之外，对政府部门监管手段的跟进与更新提出了更高的要求。

"十四五"时期，我国数字经济转向深化应用、规范发展、普惠共享的新阶段。为应对新形势、新挑战，把握数字化发展新机遇，拓展经济发展新空间，我们要以"鼎新"带动"革故"，以增量带动存量，不断做强做优做大数字经济。

第十二个问题

如何提升数字经济核心产业增加值占比？

数字产业化是指数据要素的价值化、产业化、商业化和市场化。加快推动数字产业化、推进产业数字化转型就成为数字时代推动高质量发展、打造数字经济新优势的必然选择。数字产业化是数字经济持续健康发展的动力和源泉，而数字产业化的基础则来源于新型基础设施建设。完善基础设施是经济社会长期可持续稳定发展的重要基础和保障，信息基础设施、融合基础设施、创新基础设施等技术性基础设施是实现科学技术升级和创新的重要基础。围绕数据的感知、传输、存储、计算、处理和安全等环节，形成支撑经济社会数字化发展的新型基础设施体系。习近平总书记指出，要加快新型基础设施建设，加强战略布局，加快建设高速泛在、天地一体、云网融合、智能敏捷、绿色低碳、安全可控的智能化综合性数字信息基础设施，打通经济社会发展的信息"大动脉"①；"只有加强信息基础设施建设，铺就信息畅通之路，不断缩小不同国家、地区、人群间的信息鸿沟，才能让信息资源充分涌流"②；"要优化创新创业生态链，让创新成为城市发展的主动力、特别是要把互联网、云计算等作为城市基础设施加以支持和布局，促进基础设施互联互通，释放城市发展新动能"③。

根据《规划》部署，到2025年，数字经济迈向全面扩展期，数字经济核心产业增加值占GDP比重达到10%，数字化创新引领发展能力大幅提升。推动数字产业化，要做到如下几点。

第一，增强关键数字技术创新能力。瞄准传感器、量子信息、网络通信、集成电路、关键软件、大数据、人工智能、区块链、新材料等战略性前瞻性领域，发挥我国社会主义制度优势、新型举国体制优势、超大规模市场优势，提高数字技术基础研发能力。以数字技术与各领域融

---

① 《把握数字经济发展趋势和规律 推动我国数字经济健康发展》，《人民日报》2021年10月20日。

② 习近平：《习近平谈治国理政》第二卷，外文出版社2017年版，第534页。

③ 中共中央党史和文献研究院编：《十八大以来重要文献选编》（下），中央文献出版社2018年版，第86页。

合应用为导向，推动行业企业、网络平台企业和数字技术服务企业跨界创新，优化创新成果快速转化机制，加快创新技术的工程化、产业化。鼓励发展新型研发机构、企业创新联合体等新型创新主体，打造多元化参与、网络化协同、市场化运作的创新生态体系。支持具有自主核心技术的开源社区、开源网络平台、开源项目发展，推动创新资源共建共享，促进创新模式开放化演进。

第二，提升核心数字产业竞争力。着力提升基础软硬件、核心电子元器件、关键基础材料和生产装备的供给水平，强化关键产品自给保障能力。实施产业链强链补链行动，加强面向多元化应用场景的技术融合和产品创新，提升产业链关键环节竞争力，完善5G、集成电路、新能源汽车、人工智能、工业互联网等重点产业供应链体系。深化新一代信息技术集成创新和融合应用，加快网络平台化、定制化、轻量化服务模式创新，打造新兴数字产业新优势。协同推进信息技术软硬件产品产业化、规模化应用，加快集成适配和迭代优化，推动软件产业做大做强，提升关键软硬件技术创新和供给能力。

第三，加快培育新业态新模式。推动网络平台经济健康发展，引导支持网络平台企业加强数据、产品、内容等资源整合共享，扩大协同办公、互联网医疗等在线服务覆盖面。深化共享经济在生活服务领域的应用，拓展创新、生产、供应链等资源共享新空间。发展基于数字技术的智能经济，加快优化智能化产品和服务运营，培育智慧销售、无人配送、智能制造、反向定制等新增长点。完善多元价值传递和贡献分配体系，有序引导多样化社交、短视频、知识分享等新型就业创业网络平台发展。

第四，营造繁荣有序的产业创新生态。发挥数字经济领军企业的引领带动作用，加强资源共享和数据开放，推动线上线下相结合的创新协同、产能共享、供应链互通。鼓励开源社区、开发者网络平台等新型协作网络平台发展，培育大中小企业和社会开发者开放协作的数字产业创新生态，带动创新型企业快速壮大。以园区、行业、区域为整体推进产业创新服务网络平台建设，强化技术研发、标准制修订、测试评估、应用培训、创业孵化等优势资源汇聚，提升产业创新服务支撑水平。

第十三个问题

如何推动产业数字化,提升传统产业数字技术装备能力?

发展数字经济必须把着力点放在实体经济上,当前我国正由数字产业化向产业数字化迈进。习近平总书记指出,要推动数字经济和实体经济融合发展,把握数字化、网络化、智能化方向,推动制造业、服务业、农业等产业数字化,利用互联网新技术对传统产业进行全方位、全链条的改造,提高全要素生产率,发挥数字技术对经济发展的放大、叠加、倍增作用。要推进重点领域数字产业发展,聚焦战略前沿和制高点领域,立足重大技术突破和重大发展需求,增强产业链关键环节竞争力,完善重点产业供应链体系,加速产品和服务迭代。① 在改造提升传统动能

---

① 《把握数字经济发展趋势和规律 推动我国数字经济健康发展》,《人民日报》2021年10月20日。

方面，要推动产业数字化，要推动互联网、大数据、人工智能和实体经济深度融合，加快制造业、农业、服务业数字化、网络化、智能化。

在实体经济中，习近平总书记特别重视制造业的数字化转型。早在2003年7月，时任浙江省委书记的习近平同志就提出"进一步发挥浙江的块状特色产业优势，加快先进制造业基地建设，走新型工业化道路。坚持以信息化带动工业化，推进'数字浙江'建设，用高新技术和先进适用技术改造提升传统优势产业，大力发展高新技术产业，适度发展沿海临港重化工业，努力培育发展装备制造业，全面提升浙江产业发展的层次和水平。"[①] 2020年8月，习近平总书记在安徽考察时强调，要深刻把握发展的阶段性新特征新要求，坚持把做实做强做优实体经济作为主攻方向，一手抓传统产业转型升级，一手抓战略性新兴产业发展壮大，推动制造业加速向数字化、网络化、智能化发展，提高产业链供应链稳定性和现代化水平。2021年6月，习近平总书记在《求是》上撰文："要以智能制造为主攻方向推动产业技术变革和优化升级，推动制造业产业模式和企业形态根本性转变，以'鼎新'带动'革故'，

---

① 习近平：《干在实处 走在前列——推进浙江新发展的思考与实践》，中共中央党校出版社2006年版，第71—72页。

以增量带动存量,促进我国产业迈向全球价值链中高端。"

大力推进产业数字化,要做到以下几点。

第一,加快企业数字化转型升级。引导企业强化数字化思维,提升员工数字技能和数据管理能力,全面系统推动企业研发设计、生产加工、经营管理、销售服务等业务数字化转型。支持有条件的大型企业打造一体化数字网络平台,全面整合企业内部信息系统,强化全流程数据贯通,加快全价值链业务协同,形成数据驱动的智能决策能力,提升企业整体运行效率和产业链上下游协同效率。实施中小企业数字化赋能专项行动,支持中小企业从数字化转型需求迫切的环节入手,加快推进线上营销、远程协作、数字化办公、智能生产线等应用,由点及面向全业务全流程数字化转型延伸拓展。鼓励和支持互联网网络平台、行业龙头企业等立足自身优势,开放数字化资源和能力,帮助传统企业和中小企业实现数字化转型。推行普惠性"上云用数赋智"服务,推动企业上云、上网络平台,降低技术和资金壁垒,加快企业数字化转型。

第二,全面深化重点产业数字化转型。立足不同产业特点和差异化需求,推动传统产业全方位、全链条数字化转型,提高全要素生产率。大力提升农业数字化水平,推进"三农"综合信息服务,创新发展智慧农业,提升农业生产、加工、销售、物流等各环节数字化水平。纵深推进工业数字化转型，加快推动研发设计、生产制造、经营管理、市场服务等全生命周期数字化转型，加快培育一批"专精特新"中小企业和制造业单项冠军企业。深入实施智能制造工程，大力推动装备数字化，开展智能制造试点示范专项行动，完善国家智能制造标准体系。培育推广个性化定制、网络化协同等新模式。大力发展数字商务，全面加快商贸、物流、金融等服务业数字化转型，优化管理体系和服务模式，提高服务业的品质与效益。促进数字技术在全过程工程咨询领域的深度应用，引领咨询服务和工程建设模式转型升级。加快推动智慧能源建设应用，促进能源生产、运输、消费等各环节智能化升级，推动能源行业低碳转型。推动产业互联网融通应用，培育供应链金融、服务型制造等融通发展模式，以数字技术促进产业融合发展。

第三，推动产业园区和产业集群数字化转型。引导产业园区加快数字基础设施建设，利用数字技术提升园区管理和服务能力。积极探索网络平台企业与产业园区联合运营模式，丰富技术、数据、网络平台、供应链等服务供给，提升线上线下相结合的资源共享水平，引导各类要素加快向园区集聚。围绕共性转型需求，推动共享制造网络平台在产业集群落地和规模化发展。探索发展跨越物理边界的"虚拟"产业园区和产业集群,加快产业资源虚拟化集聚、网络平台化运营和网络化协同,构建虚实结合的产业数字化新生态。依托京津冀、长三角、粤港澳大湾区、成渝地区双城经济圈等重点区域,统筹推进数字基础设施建设,探索建立各类产业集群跨区域、跨网络平台协同新机制,促进创新要素整合共享,构建创新协同、错位互补、供需联动的区域数字化发展生态,提升产业链供应链协同配套能力。

第四,培育数字化转型支撑服务生态。建立市场化服务与公共服务双轮驱动,技术、资本、人才、数据等多要素支撑的数字化转型服务生态,解决企业"不会转""不能转""不敢转"的难题。面向重点行业和企业转型需求,培育推广一批数字化解决方案。聚焦转型咨询、标准制定、测试评估等方向,培育一批第三方专业化服务机构,提升数字化转型服务市场规模和活力。支持高校、龙头企业、行业协会等加强协同,建设综合测试验证环境,加强产业共性解决方案供给。建设数字化转型促进中心,衔接集聚各类资源条件,提供数字化转型公共服务,打造区域产业数字化创新综合体,带动传统产业数字化转型。

第十四个问题

如何打造我国具有国际原发创造力的数字产业集群？

顺应数字化发展趋势，打造具有国际竞争力的数字产业集群，有利于提升产业数字化、智能化，扩大数字经济规模，提升产业规模效益，激发企业需求和创新，增强产业和企业竞争力。

数字产业集群有其自身的特点。一是技术融合。5G、集成电路、软件、人工智能、大数据、云计算、区块链等技术各有其功能，通过相互融合可产生更大效能。因此，打造共享的新基建，建设大数据中心、工业互联网等设施，可为融合提供底座，发挥共享的作用。二是产业跨界。数字产业是以信息为加工对象，以数字技术为加工手段，以介入全社会各领域为市场，虽然有时无明显利润但可提升其他产业利润的公共产业。产业数字化正是数字技术作为媒介在搭桥跨界。无人机、机器人、VR/AR、新型可穿戴设备等很多产品都得益于跨界合作。三是虚拟配置。数字技术可跨越以往集群和企业重组的物理条件,依托信息网络、网络平台应用和数据资源,利用各地闲置的设备、人才和资本来组织生产,实施灵活的企业重组和产业集聚,或建立数字虚拟产业园和数字虚拟产业集群,使产业生态更加健康和可持续。四是智能升级。通过数字技术的应用可提升不同产业的智能化水准,提高企业品质,使企业相关业务具备向外延伸的条件和空间。

产业集群需要政策的积极引导。在数字科技广泛应用基础上,数字经济已成为我国新的经济形态,展现出蓬勃生机。特别在新冠肺炎疫情的冲击和影响下,数字化发展正成为世界走出低迷,走向希望的亮点,也成为世界经济激烈竞争的领域。如何更好地巩固我国数字科技的支柱产业,把数字消费的巨大潜力和产业互联网的兴起,作为经济增长的新动能,且为产业数字化自身升级改造提供强大动能,需要宏观政策的科学引导。加快数字化发展,打造具有国际竞争力的数字产业集群,意在发挥数字经济在生产要素配置中的优化与集成作用,促进数字经济与实体经济的深度融合,进而提升实体经济的发展韧性与创新能力。

数字经济是在数字技术领域的产业革命与制度创新基

础上逐步发展的。要把数字科技支持的崭新产业发展成更具规模更有质量的经济形态，还需市场主导，靠自下而上的内生动力，以及政府的指导和促进，形成有质量的数字产业集群。

在数字产业化和产业数字化的实践中集群。数字产业化和产业数字化，都是数字产业集群的过程。数字产业化包括 5G、集成电路、软件、人工智能、大数据、云计算、区块链等技术、产品及服务，它们的融合既产生数字化新业态、新产业，又在对原有的信息通信、设备制造和互联网企业实施综合化改造或重组。电信企业在互联网化、云网一体化，电信设备软件企业在综合化，如华为不仅有网络设备，还有手机和芯片的设计和制造等产品线，且经营效益很好。互联网公司从提供门户网站开始，从搜索引擎、即时通讯等互联网的基础业务开始，普遍向外延伸，进入媒体、电商、支付、金融等各种领域。产业数字化包括工业互联网、两化融合、智能制造、车联网、网络平台经济等融合型新产业新模式新业态，是传统产业应用数字技术所带来的生产数量和效率的提升，通信信息产业为各个产业发展提供数字技术、产品、服务和解决方案等，产业数字化的新增产出构成数字经济的重要组成部分。如深圳医疗器械集群就是在与电子产业的交叉中发展起来的。

数字化的技术导致企业之间的业务界限越来越模糊。数字产业已不是纯粹的数字产业，而是融合的产业，实体经济是落脚点，高质量发展成为总要求。

在数字经济与实体经济的融合实践中集群。20世纪我国信息化带动工业化，实质是知识经济与实体经济的融合，促进了我国信息数字技术的快速发展，涌现出中国制造。现在的数字化发展不能简单取代工业化，也不能片面提升服务贸易比例。应以数字产业集聚的方式与实体经济相融合，以5G技术为优势，以关键制造环节智能化为核心，以把握制造企业的工艺和业务流程为前提，以端到端的数据流为基础，以网络互联为支撑，将智能技术贯穿到设计、生产、管理、服务等制造业的各个环节，真正用数字技术武装制造业，在其原有的机械化、自动化基础上，赋于其智能，并放大其价值，缩短产品研制周期、降低资源能源消耗、降低运营成本、提高生产效率，让中国制造产生更多附加值。同时依据我国人口众多和农村发展相对落后的实际，用数字经济装备农业。当工业和农业借助数字科技达到高峰，将更多的第一、二产业从业者解放出来，才可把数字经济引向高潮。

全球化与数字化发展相辅相成，数字化借助全球化发展起来，数字经济发展必将把全球化推到新的水准。在开放环境中才有可能提升数字产业集群的国际竞争力。

首先,把过去以外贸导向的集群转变到双循环导向的集群。面对繁杂的国际格局,我国积极畅通国内循环,吸引全球资源要素,构建国内大循环为主体、国内国际双循环相互促进的新发展格局。这有利于形成我国参与国际竞争和合作的新优势,在两个循环中促进数字产业在更大范围更高质量上集群。特别是全球化和数字化的世界,提升了各种资源的流动性和可用性,使发展要素和资源更易于被获取,联结门槛降低,产业组织和社会分工持续深化,多元主体参与的更大范围的开放式合作正在蓬勃发展。数字经济对于打通国内大循环,更好地连接国际国内两个市场有着积极作用。

其次,在合作抗击疫情和解决气候等问题中抓住数字产业集群机遇。新冠肺炎疫情和气候问题是全球共同面对的紧迫危机,解决问题和化解危机的过程,也是数字产业在国际间集群的机遇。数字技术为全球疫情防控提供了强大的支撑,显示了巨大能量,增强了疫情期间的经济发展韧性。国际社会和企业还需要摒弃分歧,承担社会责任,携手在疫苗研发、5G 医疗、零碳社会建设、新能源开发、能源互联网、数据共享等领域开展更紧密、更全面的合作,鼓励以企业为龙头、推进产学研合作创新,推动中小企业的产品和服务"入网接链",增强融合与竞争力,促使大家共享数字时代红利,把数字经济作为经济恢复发展的增长引擎,共同打造数字未来之路。

最后,在国内外评价标准的比对中提升产业集群的质量。我国数字经济发展较多使用了国内特色的测量指数,还应较多参考国际上一些指标。在与国际数字经济比对中,清醒认识我国的优劣势,重视数字经济在国际竞争中的严峻挑战。比如集群不仅需要在产业价值链环节上直接或间接相关,更需要在企业诚信和合作愿望基础上的社会联系,仅存在空间共享而没有产业联系的诸多产业园区,严格意义上还算不上集群。再比如不但要重视数字经济基础指数,而且要关注数字产业指数,尽可能通过数字技术应用,改善资源配置,推动产业结构优化,在传统制造业与数字经济的深度融合中,分析生产过程中产生的大量数据,优化生产流程参数,对可能出现的问题进行预判,提高产品和服务质量,促使整体经济在更少投入的基础上获得更高产出,提升数字产业集群的效率、贡献和竞争力。

第十五个问题

如何优化我国社会环境,推动数字经济健康发展?

数字经济健康发展离不开营商环境的支撑,优化营商环境可以从以下几点考虑。

加快推进数字法治建设。坚持以习近平新时代中国特色社会主义思想为指导,不断完善数字法治体系;适应数字中国和法治中国建设的新要求,不断推进数字法学理论创新;充分发挥审判职能作用,探索为数字中国建设提供保障的数字正义机制。一要加强数据法治,健全数据法律体系。要统筹数据安全与数字发展,既强化数据安全保障,也注重数据权益维护。我国已出台《中华人民共和国数据安全法》《中华人民共和国个人信息保护法》等基础性法律,要将数据安全的制度优势转化为数字治理的实践效果。我们还要不断完善数据法律体系,善于运用法治方式推进数字技术创新应用,有效维护各类社会主体的数字权益,建立以"数据权利"为核心的法律规范体系,科学合理地确定数据各主体的权利义务关系,规范数据使用、交易、收益等基本问题,依靠法治解决新产业新业态新模式带来的新问题新矛盾新纠纷。二要加强网络法治,提高网络空间治理水平。网络空间是数字中国建设的重要场景。当前互联网发展跃升到全面渗透、跨界融合的新阶段。习近平总书记多次强调"互联网不是法外之地"。党的十八大以来,我国坚持依法治网,加快网络立法进程,出台了《中华人民共和国网络安全法》等一批法律法规,网络空间法治化持续推进,但与数字中国、法治中国的要求相比,网络法治建设的任务仍然十分繁重,我们要推动依法管网、依法办网、依法上网,确保互联网在法治轨道上健康运行。三要加强人工智能法治,推进数字化与法治化相互融合。人工智能是数字中国建设的重要驱动力量,是当前国际竞争的新焦点。习近平总书记强调,加快发展新一代人工智能是事关我国能否抓住新一轮科技革命和产业变革机遇的战略问题。发展人工智能,法治不能缺位。人工智能法治一方面要用法治化规范数字化,确保人工智能在安全可靠可控的轨道上健康发展;另一方面也要用数字化赋能法治化,促进人工智能与法治建设深度融合,在法治领域应用人工智能，提高数字法治的智能化，为人民群众提供智慧便捷高效的法律服务。

提升全民数字素养和技能。实施全民数字素养与技能提升计划，扩大优质数字资源供给，鼓励公共数字资源更大范围向社会开放。推进中小学信息技术课程建设，加强职业院校（含技工院校）数字技术技能类人才培养，深化数字经济领域新工科、新文科建设，支持企业与院校共建一批现代产业学院、联合实验室、实习基地等，发展订单制、现代学徒制等多元化人才培养模式。制定实施数字技能提升专项培训计划，提高老年人、残障人士等运用数字技术的能力，切实解决老年人、残障人士面临的困难。提高公民网络文明素养，强化数字社会道德规范。鼓励将数字经济领域人才纳入各类人才计划支持范围，积极探索高效灵活的人才引进、培养、评价及激励政策。

积极构建良好国际合作环境。倡导构建和平、安全、开放、合作、有序的网络空间命运共同体，积极维护网络空间主权，加强网络空间国际合作。加快研究制定符合我国国情的数字经济相关标准和治理规则。依托双边和多边合作机制，开展数字经济标准国际协调和数字经济治理合作。积极借鉴国际规则和经验，围绕数据跨境流动、市场准入、反垄断、数字人民币、数据隐私保护等重大问题探索建立治理规则。深化政府间数字经济政策交流对话,建立多边数字经济合作伙伴关系,主动参与国际组织数字经济议题谈判,拓展前沿领域合作。构建商事协调、法律顾问、知识产权等专业化中介服务机制和公共服务网络平台,防范各类涉外经贸法律风险,为出海企业保驾护航。

第十六个问题

如何加快发展数字经济,构建新发展格局?

数字经济是伴随信息技术的发展,经济持续数字化的生态系统,数字经济相对于传统的工业经济更加注重需求导向和供需两端的灵动直接匹配对接,例如数字经济网络平台具有强大的供求配对功能,有利于国内市场以及国内市场与国际市场之间的高效畅通和良性循环。数据要素通过要素资源配置优化、传统要素投入替代、传统要素价值增值等途径创造价值,建立在数据要素基础之上的数字经济,宏观层面增强了经济的内生发展动力、活力和韧性,中观层面与区域发展和产业相结合,加快了价值增量的形成,为生产力提升和市场壮大提供了战略支撑,微观层面通过资源要素的优化配置,促进市场主体转型升级和创新,为其开辟了新的发展空间,所以说数字经济是构建新发展格局的重要推动力量和承载空间。

首先，数字经济具有开放、对等、共享、全球运作等特性，通过激发和壮大内需市场深度服务和融入构建新发展格局。对数字经济下网络平台多边市场及价格结构的合理利用，有助于优化营销策略，推动消费市场的供求匹配。同时，数字经济打破了传统消费市场的时空限制，扩大了消费的示范效应，有利于释放消费潜力、多元化消费需求，促进多层级消费。数字经济对经济社会各领域各层面的渗透有利于扩大就业规模、提升就业质量、促进居民增收，提高全社会消费能力。

其次，数字经济推动要素配置市场化变革，降低了资源要素市场的信息不对称，促进要素在产业间、城乡间、地区间、国家间的流动，为建立统一高效的大市场奠定了良好基础。数据作为数字经济的关键生产要素，成为其他生产要素的数字空间"孪生"，通过对海量数据的分析处理，推动多源数据的交叉融合，并以数据的快速流动带动其他传统要素优化配置，从而促进其价值和效能的发挥。

再次，数字经济所具有的范围经济和大规模协作效应优化了国内生产和消费的成本结构，提升了国内产业对新发展格局的支撑作用。数字经济具有高度的数据依赖性、明显的规模经济和外部性、显著的范围经济和长尾效应、紧密的交互渗透性、高效协同的万物互联性等特点，能够显著降低生产的边际成本，通过多元化产品分摊固定资产折旧以及采购、营销、仓储物流等成本，并为企业加大新产品、新工艺的研发投入力度带来强大的激励效应，推动产业链价值链供应链不断拓展延伸。

最后，数字经济所具有的成本节约效应和网络互联效应为国内经济深度融入国际循环提供了重要条件和便利。数字经济时代，数字技术与贸易的融合，有效降低了包括搜寻成本、沟通成本、物流成本等在内的贸易成本，促进贸易效率的显著提高，重大国际化数字经济网络平台也扩大了进出口规模，推动国内市场主体的国际化转变。数字经济时代的万物互联效应，为企业等市场主体嵌入和融入全球供应链价值链网络带来了更加便捷高效和经济的方式，推动各类市场参与主体深度融入国际经济循环。

习近平总书记指出："构建新发展格局的重要任务是增强经济发展动能、畅通经济循环。数字技术、数字经济可以推动各类资源要素快捷流动、各类市场主体加速融合，帮助市场主体重构组织模式，实现跨界发展，打破时空限制，延伸产业链条，畅通国内外经济循环。"① 这为推动数字经济服务和融入构建新发展格局提供了方向指引和

---

① 习近平：《不断做强做优做大我国数字经济》，《求是》2022 年第 2 期。

根本遵循。对此,推动数字经济服务和融入构建新发展格局应从以下五个方面发力。

第一,夯实数字基础设施,促进工业互联网和消费互联网协同发展,稳固和增强数字经济对于构建新发展格局的"底座"和"基本盘"功能。伴随着数字技术的进步和数据资源、数据价值的不断提升,数字经济的作用和地位日益凸显,尤其在百年变局和世纪疫情交织叠加的背景下,数字经济对全球经济的支撑作用不断增强。数字经济成为壮大我国经济发展动能的重要抓手,作为新时期构建新发展格局的"底座"和"基本盘"功能更加重要。数字经济时代,围绕数字市场的发展,数字基础设施、消费互联网和工业互联网是新的关键增长动能。应以软硬件、云计算、数据库、物联网、通信网络等为核心推动数字基础设施建设,促进光纤网络、IPv6、5G网络等连接基础设施升级和商用,加快大数据、云计算等算力基础设施建设和物联网、工业互联网发展,促进数据要素市场发展,持续释放数据价值。依托制造业基础和发展优势,基于数字技术,加快解决生产设备互联、OT(运营技术,Operational Rechnology)与IT(信息技术,Information Technology)集成等重难点问题,推动单个行业的产业链连同,促进与多个行业间的联通,推动工业互联网发展和数字协同生产,通过网络平台建设、匹配服务、移动互联网等抓手推动消费互联网规范健康发展。聚焦"四个扩展"增强数字经济核心能力：从消费领域向生产领域扩展；从模式优势向技术优势扩展；从产品优势向标准优势扩展；从国内优势向国际优势扩展，协同打造中国经济发展新优势。

第二，通过数字协同生产、数字商业生态建设等促进数字经济时代的"即时性生产"和"画像式消费"，实现市场供给与需求的快速对接和精准匹配。"双循环"新发展格局的关键在于把握国内和国际两个市场、两种资源，不断培育和塑造我国参与国际市场合作和竞争的新优势，而把握市场的核心在于把握市场供求关系，推动形成需求牵引供给、供给创造需求的高水平动态平衡。对此，应发挥数字经济时代的数字化协同生产优势，快速动员和高效利用全球资源要素、推进产业链内外协同、提升生产组织效率，通过更加强大的生产能力和更加紧密的分工协作实现"即时性生产"。同时，数字化时代是包括消费在内的想法流、信息流快速流动的时代，数字化消费模式是高度个性化、可追溯的"画像式消费"，尤其是电子商务等数字经济网络平台的健康发展有助于在数据安全的前提下强化这种消费模式，应加快数字商业生态系统建设，依托强大的生产组织能力和消费大数据系统，实现社会化生产与个性化消费的精准匹配，通过高度数字化的产业链和消费链，更好服务和融入构建新发展格局。

第三，打破时空限制，推进开放式创新，延伸增值产业链供应链价值链，紧跟摩尔定律发展要求，奠定构建新发展格局的自立自强基础。建立在科技自立自强基础上的产业链供应链体系是构建新发展格局的重中之重，数字经济的发展壮大和数字关键核心技术的创新突破，不仅是提升数字经济产业链供应链现代化水平的关键，而且依托数据要素和数字技术有助于打破时空限制、突破传统产业链发展瓶颈和壁垒、推动实现高水平自立自强，数字经济是推动新发展格局构建的重要战略支撑。应坚持把创新和科技自立自强作为推动数字技术和数字经济发展的第一动力，加快开放式创新模式建设，集聚全球创新资源，紧跟受摩尔定律支配的数字技术创新步伐，加强对基础软件、核心芯片、核心元器件等基础性和关键共性数字技术的研发投入，促进数字技术和数字经济向经济社会和产业发展各领域广泛深入渗透，依托数据要素流动和数字技术创新，打破时间和空间限制，推进数字技术、产业发展、应用场景和商业模式融合创新，提高供给体系的质量和效率，推动以高水平自立自强促进新发展格局构建。

第四，把握数字经济时代资源权属分离趋势，推动数字经济"市场再造"功能释放，为构建新发展格局提供强大的市场力量支撑。数字经济能够推动市场组织模式和运行机制的重构再造，受益于数字经济所带来的规模经济、范围经济和信息资源等优势，交易成本、跨界壁垒等阻碍市场组织模式优化的因素将弱化，而市场主体融合和跨界发展的动力和条件不断加强；依托大数据和数字化手段，价格发现、供求平衡等市场资源配置功能将得到优化，政府与市场关系的协调性将得到提升，尤其是降低政府干预、调控或监管对市场的扭曲。我国数字消费市场规模全球第一，就充分体现了数字经济在培育和壮大市场力量、推动构建新发展格局中的重要性。一是推进资源权属分离下资源产品市场和劳动力市场的共享经济和零工经济发展，提高劳动力和资源要素的配置效率。二是充分发挥数字消费或消费数字化（如农村电商激活下沉市场）、数字基础设施投资、数字贸易等在做大做强国内市场中的重要作用。三是伴随数字经济发展壮大市场力量、完善市场机制。依托市场经营组织模式的数字化转型和便捷高效的资源要素流动，降低市场主体融合和跨界发展门槛、提升经济效益，推动市场主体组织模式演变、优化。四是在数字经济发展基础上推动构建统一开放、竞争有序的市场环境。对此，应充分认识数字经济在推动各类市场主体加速融合、跨界发展，帮助市场主体重构组织模式的放大、叠加、倍增作用，充分发挥市场在资源配置中的决定性作用，建立完善政府、网络平台、企业、行业组织和社会公众多元参与、有效协同的数字经济治理新格局，形成治理合力，鼓励良性竞争，维护公平有效市场，构建经济社会各主体多元参与、协同联动的数字经济发展新机制。

第五，积极打造数字生态系统和大规模协作网络平台，依托数字经济时代的"系统集成效应"突破传统的生产、分配、交换和消费划分，打通各环节之间的阻碍和壁垒，促进各类资源要素和产品服务高效快捷流动。发挥数字经济的强大集成效应，促进产业链、供应链、价值链与服务链的衔接统一，打通各环节、各链条之间的信息节点，促进信息的公开透明和信息传递的畅通。一方面，数据已成为关键生产要素，所具有的潜力和作用甚至比土地、劳动和资本等传统生产要素更大，应充分发挥数据要素流动本身所具有的灵活、高效、快捷等特点；另一方面，推动土地、资本、劳动等资源要素与数据要素结合，或者借助数字化技术和手段提升其流动的高效便捷性和配置效率，促进生产、分配、交换和消费各环节有机衔接和高效协同。更为重要的是，通过数字经济网络平台实现生产、分配、交换和消费各环节的一体化集聚。数字经济网络平台使企业成为生产要素配置和产品服务市场配置的独立市场主体,生产、分配、交换和消费各环节的壁垒或供求不匹配问题被由内向外打破,依托数字经济网络平台的资源调配能力和信息化、数字化优势,生产要素市场、产品服务市场内部及相互之间能够实现高效协同,从市场运行机理层面推动国内市场统一和国内国际市场双循环相互促进。

第十七个问题

如何发展数字安全产业,建构国家安全大格局?

数字经济时代的数字安全不仅契合构建国家安全大格局的战略部署和发展要求,而且在其中发挥了重要的作用,这是发展数字安全产业、建构国家安全大格局的逻辑起点,也是方向指引。

随着数据重要性和价值不断凸显,数字安全的内涵已从传统的数据安全提升到承载个人权益、社会和国家利益的国家大安全保护高度,数字安全不仅是维护个人或组织机构利益的关键因素,还是保障数字经济安全的重要屏障,更是推动数字政府建设、维护国家安全的核心内容,应站在国家安全大格局建设的高度和视角全面推进数字安全建设。

推进我国数字安全保护工作,应顺应数字化发展潮流和趋势，从实际出发，完善管理制度和体制机制，积极研发应用数字安全技术，统筹数字安全标准和行为规范，构建全方位的数据安全保护体系。一是科学系统推进数字安全保护立法进程，扩展相关法律管理范畴，加强不同法律之间、国内与国外之间的统筹衔接。二是加快数字安全保护相关战略规划的制定实施，针对数据跨境流动、域外治理、个人隐私等热点问题出台制度和战略规划，提升我国在数字安全保护领域的国际话语权。三是完善体制机制，成立相关专门机构，将数字安全纳入国家网络安全管理的核心内容。四是加强数字安全领域关键核心技术攻关，提高跨境数据监管和安全保障能力。五是加快建立数字安全国家标准体系，推进数字安全评估检测，为数字安全国际标准和国际行动贡献中国智慧和中国方案，促进全球数字安全治理模式、规则、机制合作对接，推动全球数字安全治理协同共治。

发展数字安全产业是维护数字经济安全、建立健全国家安全大格局的基础和保障。数字安全产业作为新兴数字产业，是维护国家网络空间安全和发展利益的网络安全技术、产品生产和服务活动，是系统构建大安全格局的重要环节。《纲要》对网络安全和数字安全工作作出重要部署，提出：加强网络安全关键技术研发，加快人工智能安全技术创新，提升网络安全产业综合竞争力；健全国家网络安全法律法规和制度标准，建立健全关键信息基础设施保护体系，提升安全防护和维护政治安全能力；培育壮大人工智能、大数据、区块链、云计算、网络安全等新兴数字产业。

首先，完善数据权属界定和数据要素市场分类，促进数据安全和发展的统一。一是积极顺应数据要素所有权和用益权（使用权）二元分离特性。二是加快数据要素市场分类分级。对数据进行分级分类授权，从低到高分为多级，从不授权，到授权改进服务，再到授权进行交易，以方便市场流通，提高社会福利，增加数据供给。实现机密数据不可商业化、公共数据不用商业化、商业数据倡导商业化。另外，应将商业数据分成属性数据、行为数据以及数据产品三类，分别进行权属确定。三是积极构建数据要素市场，促进数字安全和数字产业发展相统一。构建数据要素市场的目的不是数据本身的交易，而是数据所含价值的交易流通，通过隐私计算等技术和商业模式，打造"多层次、多样化"的数据要素市场体系，为数字安全产业发展奠定基础。

其次，数字安全产业的发展需要多方协同推进。网络安全保障能力的提升是数字安全产业发展的基础，而相关产业的发展是安全能力全面提升的保障。应加速发展数字安全技术创新和应用，多角度夯实网络安全产业发展的基础，全面提升数字安全产品服务的供给能力。要加大数字安全投入，强化数据全生命周期的安全保护。应加大政策支持力度，完善产业发展环境，引导和鼓励供需双方加大数字安全投入力度，并建立机制强化数字安全产业供需对接。

再次，聚焦重点领域重点环节谋划实施重点行动，推进数字安全产业高质量发展。数字安全产业的发展，应以服务国家网络空间安全战略需求和建设网络强国要求为导向，超前谋划主动应对互联网、大数据、人工智能和实体经济深度融合伴生的新风险，着眼于5G、工业互联网、下一代互联网、物联网等新技术新应用带来的新挑战，坚持市场主导、政府引导，着力突破关键技术、构建产业生态、优化发展环境，为维护国家网络空间安全、推进数字经济安全发展、保障网络强国建设、构建国家安全大格局提供有力的产业支撑。

最后，着力强化数字经济安全体系、坚守安全底线，推动构建大安全格局。根据《规划》，数字经济安全体系建设关键在于增强网络安全防护能力、提升数据安全保障水平、提高各类风险防范能力。一是加强网络安全基础设施建设，健全完善网络安全应急事件预警通报处置机制，支持网络安全保护技术和产品研发应用，加快发展网络安全产业体系，支持发展社会化网络安全服务。二是建立健全数据安全治理体系，规范数据采集、传输、存储、处理、共享、销毁全生命周期管理，做好网络安全审查、云计算服务安全评估，健全完善数据跨境流动安全管理相关制度规范。三是强化数字经济安全风险综合研判，防范各类风险叠加可能引发的经济风险、技术风险和社会稳定问题，着力提高产业链供应链韧性，增强产业体系抗冲击能力，引导企业在法律合规、数据管理、新技术应用等领域完善自律机制，防范数字技术应用风险。

第十八个问题

如何多维度增强数字产业链的自主可控？

数字经济作为新产业新业态新模式，其自主可控尤为重要。习近平总书记明确要求："重点加强数字经济安全风险预警、防控机制和能力建设，实现核心技术、重要产业、关键设施、战略资源、重大科技、头部企业等安全可控。"① 按照习近平总书记的要求和战略部署，重点应做好以下工作。

一是数字核心技术的自主创新。习近平总书记对核心技术的范畴有着精准的定义："什么是核心技术？我看，可以从三个方面把握。一是基础技术、通用技术。二是非对称技术、'杀手锏'技术。三是前沿技术、颠覆性技术。在这些领域，我们同国外处在同一条起跑线上，如果能够

---

① 习近平：《不断做强做优做大我国数字经济》，《求是》2022年第2期。

超前部署、集中攻关,很有可能实现从跟跑并跑到并跑领跑的转变。"①虽然我国科技实力和创新能力显著增强,取得了一批重大科技成果,但在基础共性技术、关键核心技术和未来前沿技术等领域仍积累不足,与发达国家的差距明显。②习近平总书记非常重视核心技术的自主,他反复强调:"核心技术是国之重器。党的十八大以来,我在许多个场合讲过,核心技术是我们最大的命门,核心技术受制于人是我们最大的隐患。""实现核心技术突破必须走自主创新之路,真正的核心技术是花钱买不来的、市场换不到的。"③

二是数字核心产业的原创和竞争能力。门类齐全的产业体系是增强产业链供应链自主可控能力的强大依托。维系重要产业的自主可控需要从产业的关键环节和产业生态上发力,整合优化企业的产品和工艺设计、原材料供应、产品制造、市场影响和售后服务等主要产业链环节。加强重点优势领域对产业链的支撑,加快形成一批专精特新配套型企业和零部件原材料产品,更好把产业链条贯通

---

① 习近平:《在网络安全和信息化工作座谈会上的讲话》,人民出版社2016年版,第11页。

② 徐建伟、付保宗、费洪平:《增强制造业自主可控能力》,《经济日报》2022年1月26日。

③ 中共中央党史和文献研究院编:《习近平关于网络强国论述摘编》,中央文献出版社2021年版,第115页。

起来。①"抓产业体系建设，要在技术、产业、政策上共同发力。在技术方面，要遵循技术发展规律，做好体系化技术布局，支持不同技术路线、技术架构的研发，培育若干小的生态体系，优中选优、重点突破。在产业方面，要打通创新链、产品链、价值链，强化产业链上下游衔接互动……由政府和企业共同组建产业联盟，推动企业强强联合、协同攻关"。②

三是关键数字基础设施的安全可控。数字基础设施的安全是数字产业安全的前提。加快建设以5G网络、全国一体化数据中心体系、国家产业互联网等为抓手的高速泛在、天地一体、云网融合、智能敏捷、绿色低碳、安全可控的智能化综合性数字信息基础设施。③要切实保障国家数据安全。

四是数据要素的安全可控。数据是数字经济时代的战略资源，数据成为要素带来的不仅是巨大的发展机遇，也对安全问题提出新的挑战。要制定数据资源确权、开放、流通、交易相关制度，完善数据产权保护制度。要加大对

---

① 徐建伟、付保宗、费洪平：《增强制造业自主可控能力》，《经济日报》2022年1月26日。

② 中共中央党史和文献研究院编：《习近平关于网络强国论述摘编》，中央文献出版社2021年版，第116页。

③ 习近平：《不断做强做优做大我国数字经济》，《求是》2022年第2期。

技术专利、数字版权、数字内容产品及个人隐私等的保护力度,维护广大人民群众利益、社会稳定、国家安全。要加强国际数据治理政策储备和治理规则研究,提出中国方案。

五是头部企业的理性发展。头部企业是网络平台经济的主要组成部分。要完善数字经济治理体系,健全法律法规和政策制度,完善体制机制,提高我国数字经济治理体系和治理能力现代化水平。要完善主管部门、监管机构职责,分工合作、相互配合。要改进提高监管技术和手段,把监管和治理贯穿创新、生产、经营、投资全过程。要明确平台企业主体责任和义务,建设行业自律机制。要开展社会监督、媒体监督、公众监督,形成监督合力。要完善国家安全制度体系。[①]

[①] 习近平:《把握数字经济发展趋势和规律 推动我国数字经济健康发展》,《人民日报》2021年10月20日。

第十九个问题
为什么第三方数据中心体系是推动数据价值化的关键?

第三方数据中心是用来容纳关键业务应用程序和信息的物理设施,一般由三部分构成。计算:运行应用程序的内存和处理能力,通常由高端服务器提供。存储:重要的企业数据通常存放在数据中心,存储在从磁带到固态硬盘的各种介质上,并有多个备份。网络:数据中心组件与外界之间的互联,包括路由器、交换机、应用程序交付控制器等。它是各行业各企业生产、经营、管理的数据枢纽和数字应用载体,是数字经济的基础底座。第三方数据中心建设可以从根本上解决信息孤岛的问题,推动数据中心与云计算资源的分级互联,支撑各级政府部门纵横联动、上下协管,促进信息资源的融合,进而利用大数据分析手段,实现政府决策科学化、社会治理精准化与公共服务高效化，对深化政企协同、行业协同、区域协同以及全面支撑各行业数字化升级和产业数字化转型具有重要意义。

2020年3月，习近平总书记在中共中央政治局常务委员会上强调，要"加快5G网络、数据中心等新型基础设施建设进度"，这要从以下几个方面着手。

一是优化数据中心基础设施建设布局。通过"数网"① 体系建设，能够极大提升网络通信、数据中心等基础设施的集约化建设水平，有效提高政府投资效率，引导区域范围内数据中心集聚，促进其规模化、集约化、绿色化发展。

二是降低算力使用成本和门槛。通过政企合作，为社会化企业提供响应更加便捷、成本更加低廉、配置更加高效的一体化算力服务，有助于大幅提高各行业企业上云比例，提升国民经济各行业数字化转型普及率，推动企业上云健康有序发展，助力企业数字化转型。对于需后台加工存储、对网络时延要求不高的业务，引导向能源丰富、气候适宜地区的数据中心集群调度；对于面向高频次业务调用、对网络时延要求极高的业务，引导向城市级高性能、边缘数据中心调度；对于其他算力需求，引导向本区域内

---

① 国家发展改革委、中央网信办、工业和信息化部、国家能源局：《关于加快构建全国一体化大数据中心协同创新体系的指导意见》（发改高技〔2020〕1922号）。

数据中心集群调度。

三是加速数据流通融合打造数字供应链。通过构建数据质量评估、可信流通、联合建模等数据资源流通调度新型机制，构建覆盖原始数据、脱敏处理数据、模型化数据和人工智能化数据等不同数据开发层级的新型大数据综合交易机制，实现在数据用见分离的前提下数据资源化、资产化、资本化层面的生产要素流通分配。积极完善数据资源采集、处理、确权、使用、流通、交易等环节的制度法规和机制化运营流程，实现数据供应链化和供应链数据化相结合，为全面构建数据要素统一大市场奠定基础，有效释放全国数据资源红利。

四是深化各行业数据智能应用创新。围绕国家重大战略布局，推动大数据在各行业领域的融合应用，促进提升城市治理水平和服务能力。另外，积极建设面向重大突发事件处置的数据安全靶场，定期开展数据演习，为重大突发事件期间开展决策研判和调度指挥提供数据支撑，加快形成数据驱动型的综合展示、科学决策、协同治理、智慧指挥新格局。

五是强化对算力和数据资源安全防护。重点解决当前数据安全领域出现的一系列全新挑战和问题，围绕服务器芯片、云操作系统、云数据库、中间件、分布式计算与存储、数据流通模型等环节，推动关键核心技术突破及应用，通过建立网络和数据一体化安全防护体系和面向数据、算法、算力等资源流通的综合监管体系，强化大数据安全保障，有效提高数字经济发展整体安全水平，有效促进国产化数据安全产业发展。

第二十个问题

如何把中国建成世界头部经济聚集地？

随着新一轮科技革命和产业变革蓬勃兴起，产业运行进入数字经济时代，经过经济离散化结构和全息化重组，产业经济正在发生结构性变革。网络平台经济是互联网时代的主要特征，也是全社会生产力得以极大提高的"新产业革命"，已经成为最典型、应用最广的经济形态。这不是我们要不要选择的问题，而是一旦错过就要"落后挨打"的问题。网络平台型组织是数字时代的新生事物，主要得益于多边市场的交叉网络外部性、价格结构以及供求双方规模经济、范围经济的良性驱动，其渗透率和影响力大大增强。网络平台的强大力量把人与人、人与物、物与物、服务与服务连接起来。通过网络平台，远隔千里的人们相互沟通、交易，进行高效分工、合作。

网络平台经济是以互联网网络平台为依托的新型经济形态，是数字经济的主要市场主体和典型代表。近年来网络平台经济快速发展，在经济社会发展全局中的地位日益突显，推动产业结构优化升级，改变着人们的生产生活，为传统产业发展注入新的活力，深刻影响着各国产业格局。网络平台经济有利于提高全社会资源配置效率，推动技术和产业变革朝着信息化、数字化、智能化方向加速演进，有助于贯通国民经济循环各环节，也有利于提高国家治理的智能化、全域化、个性化、精细化水平。

习近平总书记认为，平台经济发展的总体态势是好的、作用是积极的，同时也存在一些突出问题。一方面，他充分肯定网络平台经济特别是在新冠肺炎疫情背景下的突出作用。"疫情激发了5G、人工智能、智慧城市等新技术、新业态、新平台蓬勃兴起，网上购物、在线教育、远程医疗等'非接触经济'全面提速，为经济发展提供了新路径。"① 另一方面，他深刻指出也要规范网络平台经济发展，"要纠正和规范发展过程中损害群众利益、妨碍公平竞争的行为和做法，防止平台垄断和资本无序扩张，依法查处垄断和不正当竞争行为。要保护平台从业人员和消费

---

① 习近平：《勠力战疫 共创未来——在二十国集团领导人第十五次峰会第一阶段会议上的讲话》，《人民日报》2020年11月22日。

者合法权益"①。

要坚持正确政治方向,从构筑国家竞争新优势的战略高度出发,坚持发展和规范并重,把握网络平台经济发展规律,建立健全网络平台经济治理体系,明确规则,划清底线,加强监管,规范秩序,更好统筹发展和安全、国内和国际,促进公平竞争,反对垄断,防止资本无序扩张。要加强规范和监管,维护公众利益和社会稳定,形成治理合力。要加强开放合作,构建有活力、有创新力的制度环境,强化国际技术交流和研发合作。要坚持"两个毫不动摇",促进网络平台经济领域民营企业健康发展。

要健全完善规则制度,加快健全网络平台经济法律法规,及时弥补规则空白和漏洞,加强数据产权制度建设,强化网络平台企业数据安全责任。要提升监管能力和水平,优化监管框架,实现事前事中事后全链条监管,充实反垄断监管力量,增强监管权威性,金融活动要全部纳入金融监管。要推动网络平台经济为高质量发展和高品质生活服务,加速用工业互联网网络平台改造提升传统产业、发展先进制造业,支持消费领域网络平台企业挖掘市场潜力,增加优质产品和服务供给。要加强网络平台各市场主

---

① 习近平:《把握数字经济发展趋势和规律 推动我国数字经济健康发展》,《人民日报》2021年10月20日。

体权益保护,督促网络平台企业承担商品质量、食品安全保障等责任,维护好用户数据权益及隐私权,明确网络平台企业劳动保护责任。要加强关键核心技术攻关,支持和引导网络平台企业加大研发投入,加强基础研究,夯实底层技术根基,扶持中小科技企业创新。要加强网络基础设施建设。

数字赋能平台经济治理,实现从"监管"向"治理"转变,从"数字"向"智慧"迭代,实现了基础设施即服务平台即服务软件即服务,进而实现服务平台经济健康有序发展。